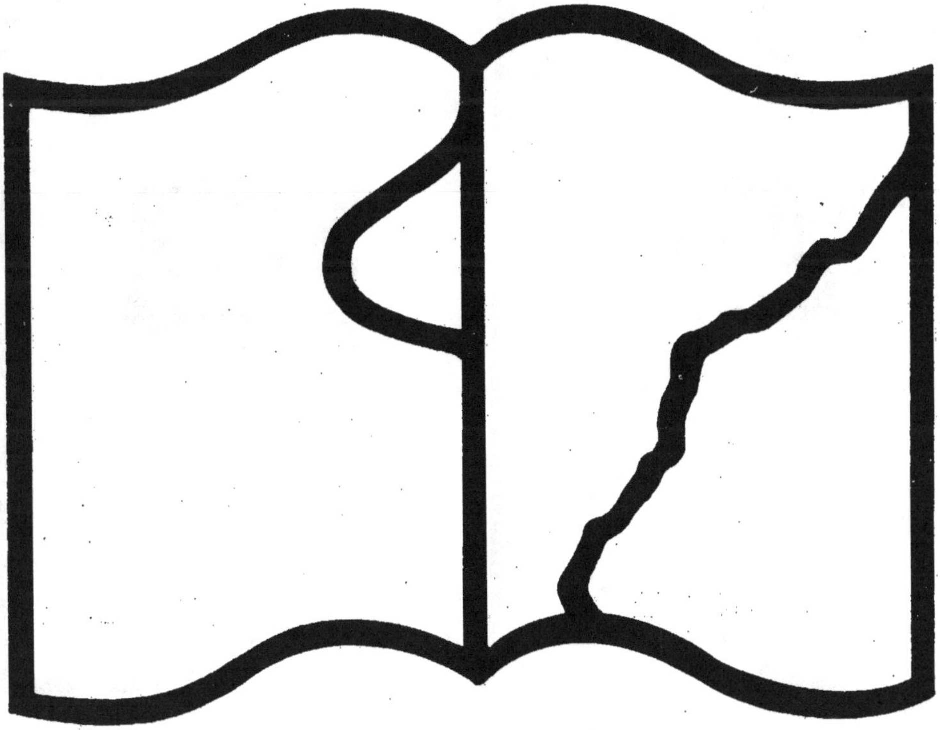

Texte détérioré — reliure défectueuse

NF Z 43-120-11

Contraste insuffisant

NF Z 43-120-14

GUIDE
Franco-Américain

MESSAGERIES
The American Express Co.

ÉTABLIE DEPUIS 1841

CAPITAL, 90,000,000 Francs

CETTE Compagnie a plus de 6,000 représentants aux Etats-Unis et Canada, et possèdent des contrats lui assurant le parcours de 40,000 milles de chemins de fer.

A part le service des Messageries, consistant en l'expédition et la réception de colis de toute description et de toute valeur, elle émet aussi des mandats payables en Amérique ou en Europe.

DÉPARTEMENT EUROPÉEN.

Cette Compagnie possède aussi un service régulier de Messageries entre l'Europe et l'Amérique par les bateaux-poste les plus rapides. Pour tous les renseignements concernant une expédition on est prié de s'adresser aux agents ci-dessous mentionnés.

Avis Spécial aux Passagers pour les Etats-Unis, le Canada, le Mexique, etc.

Le Gouvernement des Etats-Unis ayant accepté notre caution de $500,000 en garantie de la perception des droits de douane, nous sommes autorisés à transporter en transit les bagages des passagers de la Compagnie Transatlantique aux villes suivantes, dans lesquelles ils sont visités par la douane:

Buffalo, N. Y.	Galveston, Tex.	Milwaukee, Wis.	Portland, Ore.
Chicago, Ill.	Indianapolis, Ind.	New Orleans, La.	San Francisco, Cal.
Cincinnati, O.	Kansas City, Mo.	Omaha, Neb.	St. Louis, Mo.
Detroit, Mich.	Louisville, Ky.	Portland, Me.	St. Paul, Minn.
etc.	etc.	etc.	etc.

Les passagers qui connaissent les désagréments et les délais causés par la visite douanière à New York, ainsi que le réemballage précipité qui en découle, apprécieront les avantages que nous leur offrons de faire parvenir leurs bagages intacts à destination.

Pour plus amples renseignements s'adresser à tous les bureaux de la Compagnie aux Etats-Unis et Canada, ou à

THOS. MEADOWS & CO., 3 RUE SCRIBE, PARIS.
THOS. MEADOWS & Co., 35 Milk Street, Cheapside, Londres.
THOS. MEADOWS & Co., 25 Water St., Liverpool, Angleterre.
THOS. MEADOWS & Co., 63 Piccadilly, Manchester, Angleterre.
N. LUCHTING & Co., Brême, Allemagne.
N. LUCHTING & Co., Hambourg, Allemagne.
E. RICHARD, 1 Rue Chilou, Havre, France.

OU AU DÉPARTEMENT DU FRET ÉTRANGER:

American Express Company, 65 Broadway, New York

GUIDE

FRANCO-AMÉRICAIN

Indispensable à tous les Voyageurs se Rendant aux États-Unis

PUBLIÉ PAR

J. ROUSSEL & CO.

NEW YORK
IMPRIMERIE LOUIS WEISS
64, 66 ET 68 Ann Street

LIBRAIRIE DU *COURRIER DES ÉTATS-UNIS*, 19 Barclay Street,
et chez tous les Libraires Français.

PARIS	BORDEAUX
H. CUVILLIER, 4 Rue Notre-Dame des Victoires.	BUREAUX DE *LA GIRONDE*, 8 Rue de Cheverus.

HAVRE
LIBRAIRIE BOURDIGNON, 114 Rue de Paris.

1889

CALENDRIER

1889	Sun.	Mon.	Tues	Wed.	Thur	Frid.	Sat.
JAN.			1	2	3	4	5
	6	7	8	9	10	11	12
	13	14	15	16	17	18	19
	20	21	22	23	24	25	26
	27	28	29	30	31		
FEB.						1	2
	3	4	5	6	7	8	9
	10	11	12	13	14	15	16
	17	18	19	20	21	22	23
	24	25	26	27	28		
MAR.						1	2
	3	4	5	6	7	8	9
	10	11	12	13	14	15	16
	17	18	19	20	21	22	23
	24	25	26	27	28	29	30
	31						
APR.		1	2	3	4	5	6
	7	8	9	10	11	12	13
	14	15	16	17	18	19	20
	21	22	23	24	25	26	27
	28	29	30				
MAY.				1	2	3	4
	5	6	7	8	9	10	11
	12	13	14	15	16	17	18
	19	20	21	22	23	24	25
	26	27	28	29	30	31	
JUNE.							1
	2	3	4	5	6	7	8
	9	10	11	12	13	14	15
	16	17	18	19	20	21	22
	23	24	25	26	27	28	29
	30						

1889	Sun.	Mon.	Tues	Wed.	Thur	Frid.	Sat.
JULY.		1	2	3	4	5	6
	7	8	9	10	11	12	13
	14	15	16	17	18	19	20
	21	22	23	24	25	26	27
	28	29	30	31			
AUG.					1	2	3
	4	5	6	7	8	9	10
	11	12	13	14	15	16	17
	18	19	20	21	22	23	24
	25	26	27	28	29	30	31
SEPT.	1	2	3	4	5	6	7
	8	9	10	11	12	13	14
	15	16	17	18	19	20	21
	22	23	24	25	26	27	28
	29	30					
OCT.			1	2	3	4	5
	6	7	8	9	10	11	12
	13	14	15	16	17	18	19
	20	21	22	23	24	25	26
	27	28	29	30	31		
NOV.						1	2
	3	4	5	6	7	8	9
	10	11	12	13	14	15	16
	17	18	19	20	21	22	23
	24	25	26	27	28	29	30
DEC.	1	2	3	4	5	6	7
	8	9	10	11	12	13	14
	15	16	17	18	19	20	21
	22	23	24	25	26	27	28
	29	30	31				

Copyrighted, 1888, by LOUIS WEISS

Fêtes Légales en France.

1er Janvier.

22 Avril, Lundi de Pâques.

30 Mai, Ascension.

10 Juin, Lundi de la Pentecôte.

14 Juillet, Fête Nationale.

15 Août, Assomption.

1er Novembre, la Toussaint.

25 Décembre, Noël.

Fêtes Légales en Amérique.

1er Janvier.
22 Février, Washington's Birthday.
30 Mai, Decoration Day.
4 Juillet, Fête Nationale, anniversaire de la Déclaration d'Indépendance.
2 Septembre, Labor Day, seulement dans l'Etat de New York.
5 Novembre, Elections.
28   "   Thanksgiving Day.
25 Décembre, Christmas Day.
Les fêtes tombant le Dimanche sont célébrées le lendemain.

CONSEILS PRATIQUES AUX VOYAGEURS

Passagers de 1re et de 2me classes.

Dès qu'un paquebot transatlantique est arrivé à Sandy-Hook, les employés de la Douane font présenter aux passagers une feuille de déclaration sur laquelle ils doivent indiquer le nombre de colis qu'ils possèdent (une valise, un sac de voyage, un carton à chapeau sont considérés comme autant de colis) et en même temps si parmi les différents objets renfermés dans ces colis, il y en a qui sont sujets à payer des droits de douane. Les passagers sont tenus de signer cette déclaration ; on leur délivre alors un carton bleu avec un numéro ; aussitôt descendus sous la tente de la Compagnie Transatlantique, et lorsque leurs colis sont réunis, ils doivent présenter ce *ticket* à l'inspecteur de la douane, qui leur désigne un douanier ou une douanière.

Les voyageurs sont priés, dans leur propre intérêt, de ne pas perdre de vue l'agent de la douane qui est chargé de l'inspection de leurs bagages et de se tenir constamment à sa disposition pendant cette vérification.

Si un passager apporte avec lui une ou plusieurs caisses entières de marchandises, il ne peut, même en payant les droits, en obtenir livraison immédiatement ; ces marchandises vont directement à la douane et ne peuvent être retirées que quelques jours plus tard et par l'intermédiaire d'un *broker* ou courtier de douane ; il faut être en outre porteur d'une facture consulaire.

Très important.—Toute marchandise non déclarée, ou fausse déclaration sur la nature des marchandises déclarées, entraîne pour le délinquant la confiscation des objets saisis, sans préjudice d'amende et de la peine d'emprisonnement.

Les voyageurs sont prévenus que les billets de chemin de fer pris par eux en Europe pour les différentes villes des Etats-Unis ne sont que des ordres qui doivent être échangés contre de véritables tickets. Ces ordres sont valables indistinctement pour n'importe quelle compagnie de chemin de fer desservant la ville ou l'endroit désigné sur le billet.

N. B.—Tous les principaux hôtels de New York ont des interprètes à l'arrivée de chaque paquebot ; ces interprètes sont à la disposition des passagers pour tous les renseignements qui leur sont nécessaires.

Mouquin Restaurant & Wine Co.

20 ANN ST. & 149 FULTON ST.

RESTAURANT FRANÇAIS

VINS DE PREMIER ORDRE A PRIX MODÉRÉ

Importation de tous Vins Européens

CONSERVES ET GRANDE VARIÉTÉ DE FROMAGE

VENTE EN GROS ET EN DÉTAIL

20 Ann Street (Basement) et 438 6me Avenue

NEW YORK

C. FERRARI

241-243 GREENWICH STREET

NEW YORK

Représentant les Grandes Maisons des Etats-Unis, et Agent pour les principaux Produits de l'Importation.

FOURNISSEUR DES PAQUEBOTS TRANSATLANTIQUES

Passagers de 3me classe ou émigrants.

Les passagers de 3e classe sont exempts de faire les déclarations exigées pour les passagers des 1re et 2e classes ; l'inspection de leurs bagages se fait au dock de la Compagnie aussitôt qu'ils sont débarqués. Un remorqueur, au service des compagnies d'émigration, vient alors prendre les émigrants et leurs bagages pour les conduire au Castle Garden. Les passagers de 3e classe ne peuvent éviter de passer par le Castle Garden, à moins qu'ils ne soient citoyens américains. Chaque émigrant, à tour de rôle, est tenu de donner ses nom et prénoms, son lieu de naissance, indiquer ses moyens d'existence, et désigner l'endroit où il a l'intention de se fixer. On peut prendre au Castle Garden un billet de chemin de fer pour n'importe quelle ville des Etats-Unis, et y changer son argent en monnaie américaine au taux le plus avantageux.

La Société Française de Bienfaisance a un agent au Castle Garden chargé spécialement du service des émigrants.

Le tarif des bagages au Castle Garden est fixé comme suit :

Pour une malle rendue à une adresse quelconque en deçà de la 14e rue	30 cents
Au delà de la 14e jusqu'à la 59e	40 —
De la 59e rue jusqu'au point extrême de New-York, et les villes suburbaines, telles que Brooklyn, Jersey City, Hoboken	50 —
A Paterson, Newark	75 —

Pour les villes plus éloignées, tarif suivant les distances.

Voir dans la partie New York, à la fin du GUIDE, *les hôtels recommandés.*

NATURALISATION

Extraits des lois relatives à la naturalisation aux Etats-Unis.

Tout étranger pour être naturalisé citoyen américain doit remplir les formalités suivantes :

1. Déclarer, sous serment ou par affirmation, devant une cour suprême d'un Etat quelconque, ou une des cours fédérales, au moins deux ans avant son admission, que son intention est *bonâ fide* de devenir citoyen des Etats-Unis et de renoncer pour toujours à toute allégeance envers tout prince, potentat, Etat ou souveraineté dont il est le sujet.

2. Déclarer, sous serment ou par affirmation, *au moment de sa demande d'admission*, qu'il soutiendra la Constitution des Etats-Unis, et renoncera entièrement et absolument à toute allégeance envers le prince ou l'Etat dont il est le sujet.

3. Prouver qu'il a résidé au moins cinq ans aux États-Unis, et au moins un an dans l'Etat ou le Territoire où la demande

PENNSYLVANIA RAILROAD

Grande Ligne Artère et Postale des Etats-Unis

La ligne la plus courte, la plus directe, et la mieux construite entre New York et Philadelphie, Harrisbourg, Nouvelle-Orléans, Chicago, Baltimore, Pittsburg, Louisville, Indianapolis, Washington, Columbus, Nashville, St.-Louis, Richmond, Cincinnati, Memphis, San Francisco.

Le célèbre limited Express (train rapide) entre New York et Chicago, et entre New York, Chicago et Cincinnati accomplit son parcours tous les jours de l'année.

Ce train est composé exclusivement de wagons salon, wagons salle à manger, wagons pour fumeurs, et wagon-lits (Sleeping Coaches).

Ce Train Rapide part de New York à 9 heures du matin et arrive à Chicago le jour suivant à 9 heures du matin (soit 912 milles ou 1,468 kilomètres en 24 heures). Il arrive à Cincinnati à 7 h. 10 m. du matin (soit 757 milles ou 1,218 kilomètres en 22 heures 10 minutes).

Les repas dans le Wagon salle à manger sont au prix uniforme de **Un Dollar.**

Bureaux pour les billets, Nos. 1, 435, 849 et 944 Broadway ; No. 1 Astor House, et au pied de Desbrosses et Cortlandt streets ; No. 4 Court street et Brooklyn Annex Station, pied de Fulton street, Brooklyn ; à la gare de Jersey City ; Bureau des billets d'émigrants, Castle Garden.

La New York Transfer Company se charge de faire prendre les baggages dans les hôtels et résidences et de les faire enregistrer.

CHAS. E. PUGH,   **J. R. WOOD,**
General Manager.   Gen. Pass. Agent.

M. EUGENE LACROIX,
Agent des Passagers,

849 BROADWAY.

de naturalisation est faite; produire des preuves de bonnes mœurs, et, en outre, affirmer que l'on est attaché aux principes de la Constitution des Etats-Unis.

4. Renoncer à tous les ordres ou titres nobiliaires que l'on pourrait avoir.

Aucun étranger, dont la nation est en guerre avec les Etats-Unis, ne peut obtenir la naturalisation.

Tout étranger émigrant aux Etats-Unis *avant l'âge de dix-huit ans* pourra, après une résidence de cinq ans et après avoir atteint l'âge légal, obtenir ses papiers de naturalisation, sans avoir déclaré au préalable son intention de devenir citoyen.

Les enfants, âgés de moins de vingt-un ans, au moment de la naturalisation de leurs parents, sont considérés comme citoyens s'ils ont leur résidence aux Etats-Unis.

Une femme étrangère réunissant les conditions nécessaires pour pouvoir être elle-même naturalisée, ou celle dont le mari étranger deviendrait Américain, suit la condition de son mari.

Un étranger naturalisé Américain, ne peut être représentant au Congrès, que sept ans après sa naturalisation.

Il ne peut être élu sénateur fédéral que neuf ans après cette naturalisation.

Le président et le vice-président des Etats-Unis doivent être Américains de naissance.

Extraits des lois de l'Etat de New York

1. Un étranger peut, sans être naturalisé, faire le commerce, posséder des propriétés mobilières, prêter de l'argent sur hypothèques dans l'Etat de New York, aussi bien qu'un Américain.

Une étrangère veuve, ne possédant pas, au moment de la mort de son mari, les conditions requises pour être naturalisée perd son droit de douaire sur les biens de son mari, décédé citoyen américain.

Les étrangers reçoivent des tribunaux la même protection que les Américains, excepté toutefois en ce qui est dit plus loin, concernant les immeubles; ils peuvent disposer de leurs propriétés mobilières par testament ou autrement.

Les lois de l'Etat de New York sont obligatoires pour toute personne habitant l'Etat, étrangère ou non.

Aucun étranger ne peut être nommé à un emploi civil ou militaire.

Un étranger residant dans l'Etat de New York, ayant fait une déclaration d'intention de devenir citoyen des Etats-Unis, et déclarant sous serment, devant un officier compétent, que c'est aussi son intention de toujours demeurer aux Etat-Unis et d'en devenir citoyen aussitôt qu'il pourra être naturalisé, est autorisé à posséder des propriétés immobilières.

Il peut, pendant les six années suivantes, les vendre, les hypothéquer, les léguer ou en disposer d'une manière quelconque, comme s'il était citoyen des Etats-Unis.

Hotel Martin

17 & 19 University Place et 9e Rue

Le seul Hôtel de premier ordre à New York, situé dans le quartier le plus central de la ville.

Chambres depuis $1 par jour et au-dessus

RESTAURANT

Déjeuner à la Carte.—Diner, $1.

Seul Café Français, unique en son genre à New York.
Éclairage électrique.
Consommations de premier Choix.

BILLARDS

Journaux français illustrés et autres

Etablissement de Bains et Coiffeur français dans l'Hôtel.
Dépôt de Tabac des Manufactures Nationales de France.

J. B. MARTIN, Propriétaire.

La déclaration par lui faite sous serment doit être déposée au secrétariat d'Etat et être enregistrée dans un livre spécialement tenu à cet effet.

Un étranger mourant dans les six ans qui suivent l'accomplissement de ces formalités peut transmettre ses propriétés à ses héritiers comme s'il était citoyen des Etats-Unis, pourvu que ses héritiers habitent les Etats-Unis.

Un étranger vendant les propriétés qu'il a le droit de posséder légalement peut prendre une hypothèque sur ces biens pour le prix ou partie du prix qui ne lui serait pas payé ; en cas de non-paiement, lui, ou ses héritiers en cas de mort, peuvent faire vendre et acheter les propriétés et les posséder comme auparavant.

Les héritiers étrangers d'une personne mourant dans les Etats-Unis peuvent recueillir la succession de leur parent en remplissant les formalités indiquées ci-dessus.

La veuve d'un étranger qui, au moment de sa mort, pouvait légalement posséder des immeubles, a droit à un douaire dans les biens immeubles de son mari, si elle demeurait dans les Etats-Unis lors de son décès.

Testaments.—Les lois de l'Etat de New York donnent au père de famille la faculté de disposer de la totalité de ses propriétés en faveur de qui bon lui semble, quand bien même il aurait des descendants ou des ascendants. Il peut donner tout ce qu'il possède à un de ses enfants, au préjudice des autres ; il peut même en disposer en faveur d'un étranger au détriment de ses enfants.

Douaire.—Une femme veuve a droit pendant sa vie à l'usufruit du tiers des biens immeubles laissés par son mari. En cas de divorce prononcé contre la femme, le droit de douaire n'existe pas.

En cas de vente des biens immeubles par le mari, durant le mariage, sans la signature de sa femme, ou de ventes par suite de saisies sur jugement, la femme a toujours droit à son tiers, sa vie durant, de l'usufruit des immeubles aliénés, si son mari meurt avant elle.

Une veuve a droit de demeurer dans la maison de son mari, pendant quarante jours après son décès sans payer aucun loyer ; pendant ce temps elle a aussi droit à son entretien.

Divorce.—On peut obtenir un divorce ou faire annuler un mariage dans les cas suivants :

1. Lorsque les parties n'avaient pas l'âge légal pour contracter le mariage.

2. Lorsqu'une des parties était engagée dans les liens d'un précédent mariage non annulé.

3. Lorsque l'une des parties ne jouissait pas de ses facultés intellectuelles au moment du mariage.

4. Lorsque le consentement de l'une des parties a été obtenu par force ou par fraude.

THE FRANCO AMERICAN FOOD COMPANY'S
HEALTH IN PURE FOOD.
French Soups

PREPARED UNDER THE SUPERVISION OF

A. BIARDOT
OF PARIS, FRANCE.

Office, 101 Warren St., New York.

EXCELLENTS POTAGES
EN BOITES ET EN BOUTEILLES

Tout preparés. Prêts à servir. Ne demandent qu'à être chauffés.

Consommé, Julienne, Printanier, Bouillon, Volaille, Etc.

PRÉPARÉS PAR LA

Franco-American Food Company
101 WARREN ST., NEW YORK
SOUS LA DIRECTION DE
A. BIARDOT, de Paris.

En vente chez Park & Tilford; Maspero, 18 University Place, et dans les principaux magasins d'épicerie.

Boîtes d'échantillons envoyées franco au reçu d'une lettre renfermant 12 cents en timbres-poste.

5. Lorsque la femme n'avait pas l'âge et qu'il n'y a pas eu cohabitation.

6. Lorsque l'un des époux est physiquement et matériellement impuissant.

7. En cas d'adultère de l'un des époux.

L'époux contre lequel un divorce a été obtenu ne peut se remarier pendant la vie de l'autre époux.

Les époux ne peuvent pas obtenir un divorce par consentement mutuel.

Séparation de corps.—On peut obtenir une séparation de corps :

1. En cas de mauvais traitements.

2. Lorsque la conduite du mari envers la femme est telle qu'elle rend dangereuse sa cohabitation avec lui.

3. Lorsque le mari a abandonné sa femme, et qu'il refuse ou qu'il néglige de pourvoir à ses besoins.

Le mari peut être condamné à faire une pension à la femme et aux enfants ; même s'il n'y a pas de séparation, la cour peut forcer le mari à pourvoir aux besoins de sa femme et de ses enfants.

Les salaires aux Etats-Unis.

Les artisans sont, entre tous les travailleurs, ceux qui reçoivent les salaires les plus élevés aux Etats-Unis. On peut considérer les renseignements suivants comme s'appliquant à la plupart des Etats :

Maçons, $3 à $4.50 par jour ; charpentiers et menuisiers, $2.50 à $3.25 ; forgerons, $2.50 à $3 ; tonneliers, $2.50 à $3.00 ; ébénistes, $2.50 à $3 ; peintres en bâtiments, $3.50 à $4 ; plâtriers, $3 à 3.50 ; tailleurs de pierre, $3.25 à $4.50 ; charrons, $2.50 à $3 ; plombiers, $2.25 à $3 ; tailleurs, $2 à $3 ; cordonniers, $2.25 à $2.50.

Dans les usines et les fabriques, les salaires sont beaucoup moins élevés que ceux que nous venons d'énumérer. Voici quelques renseignements sommaires à cet égard :

Filatures de coton et de laine : cardeurs, $4.50 à 7.00 par semaine ; fileurs 5.00 à 11.00 ; apprêteurs, 11.00 à 14.00 ; tisserands, 7.00 à 10.00.

Fonderies : mouleurs, 13.00 à 20.00 par semaine ; mécaniciens, 12.00 à 18.00 ; apprentis, 5 à 6.

Pour les travailleurs agricoles, les salaires varient sensiblement d'un Etat à l'autre. Aux garçons de ferme qui ont une grande habitude de ce genre de travail, on paie dans les Etats de la Nouvelle-Angleterre 1.25 à 1.75 en hiver, et 1.50 à 2.50 en été ; dans les Etats du Centre, 1.00 à 1.50 en hiver ; 1.25 à 2.00 en été ; dans les Etats de l'Ouest, 1.25 à 1.75 en hiver ; 1.50 à 2.50 en été ; dans les Etats du Sud, 75 cents à 1.35 en hiver ; 1.00 à 1.50 en été. Lorsque les garçons de ferme sont engagés au mois et nourris par le patron, la nour-

LAZARD FRÈRES

Banquiers

10 WALL ST., N. Y.

ASTOR BUILDING

Maison à Paris : **LAZARD FRÈRES ET Cie.**
Maison à Londres : **LAZARD BROS. & CO.**

AGENCE DE LA
LONDON, PARIS & AMERICAN BANK,
LIMITED,
LONDRES ET SAN FRANCISCO.

Correspondants dans toutes les principales villes de l'Europe.

Achats et ventes de traites et transferts télégraphiques. Emission de lettres de crédit commerciales et circulaires, valables dans toutes les parties du monde.

riture représente 40 ou 50 cents par jour. Pour les filles de ferme, les salaires varient de 7.00 à 10.00 par mois avec la nourriture.

CONSULAT DE FRANCE.

4 Bowling Green.

M. le vicomte Paul d'Abzac, consul général.
M. Maurice Truy, vice-consul.
M. A. Dausseing, chancelier.
M. J. Thiébaud, premier commis.

Les bureaux du consulat sont ouverts tous les jours non fériés de dix à trois heures.

Nous ne saurions trop engager nos compatriotes qui viennent ici pour y fixer leur résidence de se présenter au bureau du Consulat dès les premiers jours de leur arrivée, soit pour régulariser leur situation au point de vue de la loi militaire, ou pour donner leurs noms et leur adresse.

Il arrive fréquemment que des notaires, soit pour héritage ou affaires de famille, n'ayant pas l'adresse des intéressés, sont obligés d'écrire au Consulat à New York.

Faute de remplir cette formalité, le Consulat, pour faciliter les recherches, est obligé de s'adresser par la voie des journaux français, ce qui occasionne toujours un retard qui peut être préjudiciable à ceux qui ont négligé de faire cette démarche.

Mariage de Français aux Etats-Unis.

1. Tout mariage de Français à l'étranger est valable lorsque les parties contractantes ont fait publier leurs bans au domicile de leurs parents en France, ou à défaut à leur ancien domicile.

Les bans devront être également publiés au Consulat de France le plus proche de l'endroit où ils demeurent. Ils doivent préalablement obtenir le consentement de leurs parents respectifs, ou, à défaut, de leurs ascendants.

2. Un mariage est également valable en France s'il a été contracté en Amérique, conformément aux lois de ce pays, en se présentant : soit au City Hall, devant le maire ; soit à l'église, au temple ou à la synagogue, suivant la religion du futur époux ; soit enfin devant un magistrat. Il n'est pas nécessaire de produire des pièces justificatives. Le mariage ainsi contracté est reconnu, s'il n'est pas entaché de clandestinité ; il est utile, à ce point de vue, d'en faire la publication dans les journaux français.

Les époux doivent se procurer un certificat de leur mariage, délivré par le prêtre ou le magistrat devant lequel ils se sont présentés. Ce certificat doit être légalisé au Consulat, et lorsque les Français ainsi mariés reviennent dans leur pays ils doivent en réclamer l'inscription, dans le délai de trois mois, sur le registre de l'état civil de leur ancien domicile.

L. LAGNEAU & CO.

237 7me AVE., NEW YORK

Vestes de Cuisiniers

COUTEAUX

Charles Sabatier

ET DE

E. Tichet

USTENSILES DE CUISINE

Douilles et Poches à Decorer — Coupe-pâtes — Emporté-Pièces—Caisses de Papier et Papillotes —Boîtes à Décor.

Envoi dans tous les États-Unis

DEMANDEZ LE CATALOGUE ET LE PRIX COURANT

E. CHAMBON

Importateur de

Vins, Liqueurs, Cognacs

HUILE ET VINAIGRE

117 Ouest 26me Rue

Près de la 6me Avenue   NEW YORK

Une Américaine épousant un Français devient Française d'après la loi française, mais d'après la loi des Etats-Unis elle conserve la qualité d'Américaine, à moins qu'elle n'aille s'établir en France avec son mari.

Tarif des droits à percevoir dans les chancelleries consulaires.

ACTES DE L'ÉTAT CIVIL.

Affiche de publication de mariage, par acte	2 francs.
Certificat de non opposition et de publication, par acte	2 —
Légalisation des actes de l'état civil dressés par l'autorité étrangère, savoir :	
Acte de naissance ou de décès, par acte légalisé	3 —
Acte de mariage, reconnaissance, par acte légalisé	6 —
Acte de reconnaissance d'un enfant naturel, par acte légalisé	6 —
Expédition d'un acte de mariage, par expédition	6 —
Expédition d'un acte de transcription, par expédition	6 —
Expédition de légitimation contenue dans un acte de mariage, par expédition	6 —
Expédition d'un acte de mariage contenant légitimation d'un enfant naturel, par acte légalisé	10 —
Traduction des actes de l'état civil dressés par l'autorité étrangère, savoir :	
Acte de naissance, reconnaissance et décès, par acte traduit	5 —
Acte de mariage, par acte traduit	8 —
Expédition de l'acte traduit si elle est requise, par expédition	4 —

ATTRIBUTIONS CONTENTIEUSES.

Ordonnance consulaire à fin de nomination d'expert, par ordonnance	5 —
Prestation de serment d'expert } Dépôt de rapport d'expert... } par acte	8 —
Rapport d'expert dressé par le chancelier, par rôle	5 —
Grosse, expédition, extrait ou copie des actes ci-dessus désignés, par chaque rôle	6 —

ACTES NOTARIÉS.

Consentement à un mariage......... } Reconnaissance d'un enfant naturel } Acte de notoriété.................. } par acte Révocation de mandat.............. } Décharge de mandat............... }	12 —
Procuration, pour une seule affaire	15 —
Autorisation maritale	15 —

ÉDEN MUSÉE

55 OUEST 23me RUE

(Près la 6me Avenue)

Tableaux et Groupes Plastiques

EN CIRE

CONSTAMMENT RENOUVELÉS ET AJOUTÉS A NOTRE

GALERIE DES BEAUX-ARTS

qui contient une excellente collection d'Œuvres des Ecoles Américaine, Française et Allemande.

DEUX GRANDS CONCERTS

PAR JOUR

De 3 à 5 heures et de 8 à 11 heures du soir par le célèbre

Orchestre Hongrois Erdelyi Naczi

Ouvert tous les jours de 11 heures du matin à 11 heures du soir. Le Dimanche de 1 heure à 11 heures du soir.

PRIX D'ENTRÉE, 50 CENTS

Pour les Enfants, 25 Cents.

Prix d'Entrée le Dimanche, 25 Cents

LE JOUEUR D'ÉCHECS AJEEB

l'Automate Mystérieux

LE BUFFET EST TENU PAR LA MAISON FLEISCHMANN.

Donation entre époux pendant le mariage, par acte. 25 francs.
Compte de tuteur à tuteur.. 25 —
Compromis.. 25 —
Procuration pour toutes les affaires, ou pour plusieurs
  affaires du mandant, par acte............................... 30 —
Grosse, expédition, ou extrait des actes compris dans
  la présente section, par chaque rôle........................ 6 —

ACTES ADMINISTRATIFS.

Passeports, aux Français, par acte............................. 12 —
  "   aux étrangers, par acte............................ 15 —
Visa de passeport de Français, par visa........................ 5 —
  "   d'étrangers, par visa......................... 10 —
Légalisation de signatures, par chaque légalisation............ 12 —

ACTES DIVERS.

Recouvrement de créances, successions, ou sommes
  quelconques effectuées soit par le Consulat, soit
  par les parties elles-mêmes, à la suite de l'inter-
  vention consulaire, sur le montant des valeurs re-
  couvrées.. 2 p. cent.
Transcription littérale d'actes administratifs ou au-
  tres n'ayant pas le caractère d'actes notariés, par
  chaque rôle... 6 francs.

N. B. — Les droits à percevoir dans les chancelleries consulaires à l'étranger sont tarifés d'après les monnaies françaises.
Le dollar est considéré comme ayant une valeur de 5 francs 20
à 5 francs 25.

Service Militaire.

Tout enfant né d'un Français en pays étranger est Français ;
la loi française ne reconnaissant, en effet, comme véritable-
ment naturalisé, que celui qui a obtenu les lettres de grande
naturalisation ; l'autorisation du pays d'origine et l'autorisation
du pays d'adoption.

Quiconque est né Français doit à la France le service militaire, tel qu'il est réglé par la loi ; aucune puissance ne peut le
dégager de cette dette originelle. Il peut l'éluder tant qu'il est
à l'étranger, mais du moment où il rentrera en France, il subira
les conséquences de sa situation d'insoumis ou de réfractaire.

La naturalisation américaine ne dispense pas du service militaire que l'on doit à la France.

Lorsqu'un fils de Français, né aux Etats-Unis, n'est pas ins-
crit sur les registres de l'Etat Civil au Consulat, il n'est pas
pour la France censé exister, et par conséquent il ne peut être
astreint au service militaire.

Le Français qui sans l'autorisation du Président de la République prendrait du service militaire à l'étranger, ou s'affilie-
rait à une corporation militaire étrangère, perdra sa qualité de
Français.

Compagnie Générale Transatlantique

LIGNE POSTALE A GRANDE VITESSE
DU
HAVRE A NEW YORK

PARIS A NEW YORK DIRECT

Tous les Samedis du Havre et de New York

Navires.	Tonnes.	Chevaux.	Capitaines.
La Champagne	7,200	8,000	Boyer, lieut. de vaisseau.
La Bretagne	7,200	8,000	De Jousselin, lieut. de vaisseau.
La Bourgogne	7,200	8,000	Frangeul, capit. au long cours.
La Gascogne	7,200	8,000	Santelli, lieut. de vaisseau.
La Normandie	6,300	7,000	De Kersabiec, lieut. de vaisseau.
La Touraine	7,200	8,000	X.

(En construction).

PARIS.—**Administration Centrale**, 6, Rue Auber.—Bureau des Passages de Cabine, 12, Boulevard des Capucines (Grand Hôtel).—Bureau des Passages de Troisième Classe, 6, Rue Auber.—Bureau du Fret, 108, Rue du Faubourg-St.-Denis.—Adresse télégraphique, "Transat, Paris."

NEW YORK et les ÉTATS-UNIS.—Agence Générale, A. Forget, 3, Bowling Green.—Adresse télégraphique, "Transat, New York."

LE HAVRE.—Agence Principale, M. de Gaalon, 35, Quai d'Orléans.—Adresse télégraphique, "Transat, Havre."

BORDEAUX.—Agence Principale, M. Alf. de Vial, 28, Allées d'Orléans.—Adresse télégraphique, "Transat, Bordeaux."

Il ne pourra rentrer en France qu'avec l'autorisation du Président de la République, et recouvrer la qualité de Français qu'en remplissant les conditions imposées à un étranger pour devenir citoyen français ; le tout sans préjudice des peines prononcées par la loi criminelle contre les Français qui porteront les armes contre leur patrie.

Tout Français arrivant à l'étranger est tenu de se présenter au Consulat pour faire régulariser sa situation militaire ; il doit être porteur de son livret.

Il n'y a pas de prescription pour permettre à un déserteur de rentrer librement en France ; la désertion est un délit constant qu'une amnistie seule peut effacer.

RENSEIGNEMENTS DESTINÉS AU FRANÇAIS RÉSIDANT OU VOYAGEANT A L'ÉTRANGER (1).

L'homme qui va *se fixer* à l'étranger est tenu d'en faire la déclaration à la mairie et à la gendarmerie de la commune qu'il habite et de faire connaître où il va s'établir, et dès qu'il y est arrivé, d'en prévenir l'agent consulaire de France.

S'il se rend à l'étranger, pour y voyager seulement, il en fait la déclaration non à la mairie mais à la gendarmerie de la résidence qu'il quitte, et à l'un des agents consulaires de France à l'étranger.

Durant son séjour à l'étranger, il a le plus grand soin de prévenir l'agent consulaire de ses divers changements de résidence.

Lorsqu'il rentre en France, il est tenu, *sous peine de sévères punitions disciplinaires ou même d'être déféré aux tribunaux,* de faire les mêmes déclarations, c'est-à-dire de prévenir l'agent consulaire de son retour en France et de se présenter à la gendarmerie du lieu où il vient se fixer.

S'il n'était qu'en voyage à l'étranger, il lui suffit de se présenter à la gendarmerie du lieu *où il vient résider.*

L'homme fixé ou voyageant à l'étranger doit toujours rejoindre en temps de guerre.

En cas de déclaration de guerre, les consuls à l'étranger font publier les ordres de mobilisation, et facilitent à ceux qui sont appelés sous les drapeaux le moyen de rejoindre leurs corps dans le plus bref délai.

En principe, celui qui, en temps de paix, n'est point établi, fixé à l'étranger *d'une façon définitive*, doit accomplir les périodes d'instruction ; néanmoins, tant qu'il réside à l'étranger, il est considéré comme en sursis renouvelable.

Toutefois, l'homme auquel, au moment d'un appel, l'autorité militaire viendrait de refuser un sursis et qui, dans le but d'éluder cette décision, se rendrait dans un pays limitrophe, serait poursuivi comme insoumis.

---

(1) Cette pièce est délivrée par le consulat au moment où on fait les déclarations prévues par la loi.

BAZAR FRANÇAIS

CH. R. RUEGGER

80 SOUTH FIFTH AVE.

Installation complète de la Cave au Grenier d'Hôtels et Maisons en Ville et à la Campagne.

Articles de Ménages, Fourneaux, Glacières, Porcelaine, Verrerie, Meubles, Literie, Tapis, Toiles cirées.

Livraison à Domicile dans toute la Ville et à Jersey City Heights.

Avant l'époque du passage de la réserve dans l'armée territoriale ou dans la réserve de cette armée, la situation de l'homme, ses déplacements, son établissement à l'étranger sont l'objet d'une enquête minutieuse, et le général commandant le corps d'armée juge si les sursis doivent être convertis en dispense.

Lorsque le général décide qu'il y a lieu de faire accomplir la ou les périodes d'instruction, l'homme reçoit un ordre de route, et, s'il n'est point rendu à destination dans le délai prescrit par cet ordre, il est déclaré insoumis et passible, en temps de paix d'un emprisonnement d'un mois à un an, en temps de guerre d'un emprisonnement de deux à cinq ans.

Dans ce dernier cas, à l'expiration de sa peine, il est dirigé sur une compagnie de discipline et son nom est affiché dans toutes les communes du canton de son domicile.

Armée Française.

L'armée française est divisée en 19 corps d'armée qui ont leurs quartiers généraux comme suit :

1er Corps d'Armée. Quartier général à Lille. — Départements formant la 1re région : Nord et Pas-de-Calais.

2e Corps d'Armée. Quartier général à Amiens. — Départements formant la 2e région : Aisne, Oise, Somme, Seine-et-Oise (arrondissement de Pontoise) et Seine (canton de Saint-Denis et de Pantin, 10e, 19e et 20e arrondissements de Paris).

3e Corps d'Armée. Quartier général à Rouen. — Départements formant la 3e région : Calvados, Eure, Seine-Inférieure, Seine-et-Oise (arrondissements de Mantes et de Versailles) et Seine (cantons de Courbevoie et de Neuilly, 1er, 7e, 8e, 9 ; 15e, 16e, 17e et 18e arrondissements de Paris).

4e Corps d'Armée. Quartier général, Le Mans. — Département formant la 4e région : Eure-et-Loir, Mayennes, Orne, Sarthe, Seine-et-Oise (arrondissement de Rambouillet) et Seine (canton de Villejuif et de Sceaux, 4e, 5e, 6e, 13e et 14e arrondissement de Paris.

5e Corps d'Armée. Quartier général à Orléans. — Départements formant la 5e région : Loiret, Loir-et-Cher, Seine-et-Marne, Yonne, Seine-et-Oise (arrondissements de Corbeil et d'Etampes) et Seine (cantons de Charenton et de Vincennes, 2e, 3e, 11e et 12e arrondissements de Paris).

6e Corps d'Armée. Quartier général à Châlons-sur-Marne. — Départements formant la 6e région : Ardennes, Aube, Marne, Meurthe-et-Moselle, Meuse et Vosges.

7e Corps d'Armée. Quartier général à Besançon. — Départements formant le 7e région : Ain, Doubs, Jura, Haute-Marne, (arrondissement de Belfort, Haute-Saône) et Rhône (canton de Neuville, 4e et 5e arrondissements de Lyon).

HOTEL DU GRUTLI

MARTIN GASSER & CO.
63 Greenwich Street, New York

MAISON FRANCO-SUISSE

CHAMBRES aménagées avec confort pour personnes seules et familles.
Service prompt et consciencieux.

Prix de la Pension, $1 à $1.50 par Jour.

Billets de Chemin de Fer pour tous les points des Etats-Unis, et **Billets de Passage** pour l'Europe par toutes les Compagnies de Navigation à Vapeur.
Aller et Retour à prix réduits.

ENCAISSEMENT ET PAIEMENT
de Valeurs, Lettres de Change et de Crédit sur l'Europe et l'Amérique.

Change de l'Argent étranger et américain au cours du jour le plus juste.

8e Corps d'Armée. Quartier général à Bourges. — Départements formant la 8e région : Cher, Côte-d'Or, Nièvre, Saône-et-Loire et Rhône (arrondissement de Villefranche).

9e Corps d'Armée. Quartier général à Tours. — Départements formant la 9e région : Maine-et-Loire, Indre-et-Loire, Indre, Deux-Sèvres et Vienne.

10e Corps d'Armée. Quartier général à Rennes. — Départements formant la 10e région : Côtes du Nord, Manche et Ille-et-Vilaine.

11e Corps d'Armée. Quartier général à Nantes. — Départements formant la 11e région : Finistère, Loire-Inférieure, Morbihan et Vendée.

12e Corps d'Armée. Quartier général à Limoges. — Départements formant la 12e région : Charente, Corrèze, Creuse, Dordogne et Haute-Vienne.

13e Corps d'Armée. Quartier général à Clermont-Ferrand. — Départements formant la 13e région : Allier, Loire, Puy-de-Dôme, Haute-Loire, Cantal et Rhône (cantons de l'Arbresle, Condrieu, Limonest, Mornant, Saint-Symphorien, Saint-Laurent et Vaugneray).

14e Corps d'armée. Quartier général à Lyon ; chef-lieu de la 14e région : Grenoble. — Départements formant la 14e région : Hautes-Alpes, Drôme, Isère, Savoie, Haute-Savoie et Rhône (cantons de Givors, Saint-Genis-Laval, Villeurbanne, 1er, 2e, 3e et 6e arrondissements de Lyon).

15e Corps d'Armée. Quartier général à Marseille. - Départements formant la 15e région : Basses-Alpes, Alpes-Maritimes, Ardèche, Bouches-du-Rhône, Corse, Gard, Var et Vaucluse.

16e Corps d'Armée. Quartier général à Montpellier. — Départements formant la 16e région : Aude, Aveyron, Hérault, Lozère, Tarn et Pyrénées-Orientales.

17e Corps d'Armée. Quartier général à Toulouse. — Départements formant la 17e région : Ariège, Haute-Garonne, Gers, Lot, Lot-et-Garonne et Tarn-et-Garonne.

18e Corps d'Armée. Quartier général à Bordeaux. — Départements formant la 18e région : Charente-Inférieure, Gironde, Landes, Basses-Pyrénées, Hautes-Pyrénées.

19e Corps d'Armée. Quartier général à Alger. — Division d'Alger, d'Oran et de Constantine.

COMPOSITION DE L'ARMÉE FRANÇAISE

L'armée française comprend :

Infanterie. — 162 régiments d'infanterie de ligne, 30 bataillons de chasseurs à pied, 4 régiments de zouaves, 4 régiments de tirailleurs algériens, 2 régiments de légion étrangère, 3 bataillons d'infanterie légère d'Afrique, 4 compagnies de fusiliers de discipline.

Cavalerie. — 12 régiments de cuirassiers, 28 régiments de dragons, 21 régiments de chasseurs, 12 régiments de hussards, 6 régiments de chasseurs d'Afrique, 4 régiments de spahis.

BAINS

Établissement de Premier Ordre

BAINS CHAUDS, FROIDS, DOUCHES

Bains de Vapeurs et Aromatiques

BAINS SIMPLES, 25 CENTS

SALON DE COIFFURE

SPÉCIALITÉ DE PARFUMERIE FRANÇAISE

19 University Place, Hotel Martin

Vve ROMANETTI, Prop.

Artillerie. — 19 régiments à 12 batteries montées, 19 régiments à 8 batteries montées et 3 batteries à cheval. Chaque batterie a six pièces de canon, 16 bataillons d'artillerie à pied pour le service des forteresses.

Divers. — 2 régiments d'artillerie pontonniers, 4 régiments du génie, 20 escadrons du train des équipages militaires.

Armement. — L'infanterie est armée du fusil à répétition Lebel ; les régiments de cuirassiers portent des revolvers et 60 mousquetons par régiment, les autres régiments de cavalerie ont tous des mousquetons. L'artillerie a des canons en acier fondu, se chargeant par la culasse. Diamètre, 80 millimètres pour les batteries à cheval ; 90 millimètres pour les batteries montées et 95 milimètres pour les batteries de réserve.

L'effectif de la troupe pour 1889 est de 541,365 hommes et 135,977 chevaux.

Armée Territoriale. — L'armée territoriale comprend des troupes de toutes armes, excepté les chasseurs à pied dans la France continentale. L'infanterie est organisée par subdivision, les autres armes par région. Cette armée est composée de :

145 régiments d'infanterie à 3 bataillons de 4 compagnies, plus 1 compagnie de dépôt. Les régiments n°s 1 à 8 appartenant au 1er corps, les régiments n°s 9 à 16 au 2e corps et ainsi de suite ; les n°s 137 à 144 appartenant au 18e corps ; la subdivision d'Aix du 15e corps fournit encore un second régiment, le 145e. En Algérie il y a 9 bataillons de zouaves.

144 escadrons de cavalerie. En Algérie, 4 escadrons de chasseurs d'Afrique.

18 régiments d'artillerie. Chaque région fournit un régiment. Le nombre des batteries de chaque régiment est fixé par le ministre de la guerre, 2 bataillons de canonniers sédentaires du Nord à Lille. En Algérie, 13 batteries à pied.

56 compagnies du train d'artillerie.

52 compagnies du génie et 4 dépôts du génie.

18 escadrons de train.

Pour chaque région de corps d'armée, une section de commis et d'ouvriers et une section d'infirmiers.

Corps forestiers et douaniers. — Les gardes forestiers sont formés en compagnies ou sections de chasseurs forestiers, subdivisées en compagnies ou sections actives et en compagnie ou sections de forteresse. Les douaniers sont formés en compagnies et en bataillons actifs et en compagnies ou sections de forteresse : le nombre des compagnies varie. Il est permis d'admettre que plus de 20,000 hommes de ces deux services peuvent être incorporés dans les compagnies forestières et dans les bataillons et compagnies de douanes, mais aussi les parties actives de ces troupes ne sont appelées à seconder les opérations des armées actives que dans la région de leur service de paix.

Formations de guerre et effectifs de guerre. — L'organisation actuelle de l'armée permettrait de mettre sur pied, en première

Dr. JEHL

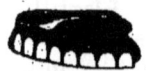

DENTISTE FRANÇAIS

225 BOWERY 225

Extraction des dents sans douleur par la protoxyde d'azote ou par la chloroforme.

Dents posées sans plaque ou fixées sur les racines.

Vieux dentiers réparés et remis à neuf séance tenante.

Ouvert le Dimanche.

Travail Garanti.   Prix Modérés.

ligne, 24 corps d'armée complets (nos 1 à 24), dont 5 seraient à former à neuf, 8 divisions de cavalerie, 36 bataillons d'infanterie pour le service d'éclaireurs, 24 batteries de position et les troupes techniques pour le service des chemins de fer et des télégraphes. Chacun des 24 corps d'armée compterait 25 bataillons d'infanterie (y compris 1 bataillon de chasseurs), 8 escadrons de cavalerie, 18 batteries d'artillerie, 3 compagnies du génie, 1 compagnie de pontonniers et des détachements de train et de troupes de santé.

Ces 24 corps d'armée formeraient probablement 4 à 5 armées. En deuxième ligne pourraient être formés encore 8 corps d'armée (nos 25 à 32) dans lesquels entreraient des régiments de marche d'infanterie, de la cavalerie et de l'artillerie, de l'armée territoriale et quelques parties d'autres troupes.

Il faut y ajouter 20 classes d'hommes dispensés, ou se trouvant au service auxiliaire et dont le total monte à environ 1,330,000 hommes sans instruction militaire, ce qui donne un total de 3,753,000 hommes.

CONTRATS

Les contrats et engagements passés en France entre ouvriers ou employés et un patron américain n'ont aucune valeur légale, les lois fédérales s'opposant complètement à l'embauchage d'ouvriers à l'étranger. L'ouvrier qui se prévaudrait d'un contrat pareil, soit à bord du navire, soit à l'arrivée au dock, peut, sur une plainte, être empêché de débarquer et renvoyé dans son pays par le même navire sans avoir droit à aucune indemnité. Le patron lui-même se rend passible d'une amende de 1,000 dollars.

TARIF DE DOUANE

PRINCIPAUX ARTICLES CLASSÉS PAR ORDRE ALPHABÉTIQUE.

Les tarifs ci-dessous sont en vigueur depuis 1883 ; ils vont être sous peu, pour la plupart, l'objet d'importantes réductions.

Absinthe. (Voyez spiritueux.)
Acétates non spécifiés, servant aux produits chimiques, 25 p. cent.
Acide acétique avec un poids spécifique de 1047, 2 c. par livre.
 "   "   au-dessus de 1047, 10 c. par livre.
 " citrique, blanc ou jaune, 10 c. par livre.
 " sulfurique, en franchise.
 " tartrique, 10 c. par livre.
Aiguilles de toutes espèces, sauf pour machines, 25 p. cent.
 "   pour machines à coudre, 35 p. cent.
Albums photographiques, cuir ou imitation, 30 p. cent.
 "   "   soie ou peluche, 50 p. cent.
Alcool, à 50 degrés français, $2 par proof gallon.
  Le proof gallon fait 100 degrés américain, et surtaxe de 2 c. par degré, excédant 100 degrés.

BANQUE FRANÇAISE

DIRECTEUR
A. M. DE CHATELARD

5 BROADWAY, NEW YORK

Vente de Traites et de Chèques sur les principales villes d'Europe et d'Amérique. Transferts par Dépêches.

CHANGE DE MONNAIES ÉTRANGÈRES

Opérations de Bourse au Comptant et à Terme aux Bourses de Paris et d'Amérique.

Ventes à Crédit d'Obligations de la Ville de Paris, du Crédit Foncier, du Panama, Etc.

Achats et Ventes de tous Titres français et étrangers.

ENCAISSEMENT DE COUPONS

Dépôts de Capitaux avec intérêts de 4 pour cent pour trois mois, 4 et demi pour cent pour six mois, et 5 pour cent pour une année.

Ale, en bouteilles, 35 c. par gallon.
" en fûts, 20 c.
Allumettes de toutes espèces, 35 p. cent.
Aluminium brut, en franchise.
" en feuilles, 45 p. cent.
Alun, 60 c. par 100 livres.
Amandes en coque, 5 c. par livre.
" décortiquées, 7¼ c. par livre.
Améthyste brute, 10 p. cent.
" travaillée, 25 p. cent.
Amidon de blé ou de pommes de terre, 2 c. par livre.
" autre, 2½ c. par livre.
Ammoniaque (alcali volatil), 20 p. cent.
" carbonate ou sulfate, 20 p. cent.
Aniline (couleurs pour la teinture), 35 p. cent.
Animaux pour la reproduction, en franchise.
" autres catégories, 20 p. cent.
Antiquités non destinées à la vente, en franchise.
Appareils ou instruments de physique ou de mathématique, cartes, statues, peintures, médailles et autres objets destinés aux établissements d'instruction publique, en franchise.
Appareils de physique, non importés dans un but spécial, 35 p. cent.
Argent en lingot ou monnayé, en franchise.
" en feuille, 75 c. par 500 feuilles.
" manufacturé, 25 p. cent.
Armes à feu. (Voir fusils, carabines, épées.)
Argile brut ou préparé, $1.50 par tonne.
Arsenic, ou sulfate d'arsenic, en franchise.
Artichauts frais, 10 p. cent.
Articles brodés or, argent ou métal, 35 p. cent.
" composés totalement ou en partie d'or, d'argent, pour lesquels il n'y a pas de tarif spécial, 40 p. cent.
Articles fabriqués pour l'usage des Etats-Unis, en franchise.
" pour fumeurs, 70 p. cent.
Avoines, 10 c. par boisseau de 32 livres.
Bagues, boucles d'oreilles, 25 p. cent.
Balais de toutes sortes, 25 p. cent.
Balances, 45 p. cent.
Baromètres, 45 p. cent.
Barils vides, fabriqués aux Etats-Unis, exportés remplis et reimportés vides, 30 p. cent.
Bay rhum, distillé ou non, $1 par gallon proof.
" (essence de), $2.50 par livre.
Benzine, 20 p. cent.
Beurre, 4c. par livre.
Bières en fûts, 20 c. par gallon.
" en bouteilles ou cruchons, 35 c. par gallon, droit en plus pour les bouteilles.
Bijouterie en tous genres, 25 p. cent.
" jais ou imitation, 25 p. cent.
Billes de billard, os ou ivoire, 50 p. cent.
Biscuits, 20 p. cent.
Bismuth, en franchise.
" (sels de), 25 p. cent.
Blé, 10 c. par boisseau de 56 livres.

Boîtes or ou argent, 45 p. cent.
" à musique, 30 p. cent.
" écailles ou autres, sans tarif spécial, 35 p. cent.
" de papier ou cartonnage, 35 pour cent.
Bonbons non colorés, 10 c. par livre.
" au-dessus de 30 c. la livre, ou vendus en boîtes ou en paquets, 50 p. cent.
Bonneterie, comprenant bas, chaussettes, tricots, chemises et caleçons : en coton manufacturé, tout ou en partie à la machine ou à la main, 40 p. cent.
Bonneterie en coton, autres que les articles ci-dessous, 35 p. cent.
" en coton, ornée de soie, 40 p. cent.
" en laine tricotée, estimée à plus de 80 c. la livre, 35 c. par livre et 40 p. cent.
" en laine non tricotée, 40 c. par livre et 35 p. cent.
" en soie, 50 p. cent.
Borax brut, 3 c. par livre.
" raffiné, 5c. par livre.
Bouchers (couteaux de), 35 p. cent.
Bouchons, 25 p. cent.
Boucles de toutes espèces, 45 p. cent.
Bougies et cierges, 20 p. cent.
Bouteilles de toutes espèces : Dame-Jeanne-Carboys, 1 c. par livre ; contenant du vin, des eaux minérales, des liqueurs, etc., 3c. par bouteille ; de pharmaciens ou parfumeurs, taillées ou façonnées, 45 p. cent.
Boutons (sans les catégories ci-après), 25 p. cent.
" cuivre, 45 p. cent.
" dorés ou soie, 50 p. cent.
Bracelets, or ou argent, 25 p. cent.
Bretelles élastiques sans soie, 30 p. cent.
Broderies sur tissus de coton, articles brodés avec de la laine, 35 c. par livre et 40 p. cent.
Broderies sur tissus de fil, à la main, à l'aiguille ou à la machine, 30 p. cent.
Broderies de soie, 50 p. cent.
Bronze en feuilles, 1½ c. par livre.
" manufacturé, 45 p. cent.
Brosses de toutes espèces, 30 p. cent.
Cacao brut, en franchise.
" (feuilles et coques de), 2 c. par livre.
" préparé, 2 c. par livre.
" nattes, 25 p. cent.
Cadres de miroirs, 30 p. cent.
" de tableaux, 35 p. cent.
Café, en franchise.
" (moulins à), 45 p. cent.
Camées véritables, non montés, 10 p. cent.
" imitation composée, 10 p. cent.
Camphre brut, en franchise.
" raffiné, 5 c. par livre.
Canelle en morceaux, en franchise.
" en poudre, 5 c. par livre.
Caoutchouc, articles fabriqués avec du caoutchouc, tout ou en partie, 30 p. cent.

Caoutchouc, souliers, bottes, sangles, etc., 25 p. cent.
" articles mélangés de soie, laine ou cuir, 50 p. cent
Carabines, 25 p. cent.
Carbonate de magnésie, 5 c. par livre.
" ammoniaque, 20 p. cent.
Carpettes. (Voyez tapis.)
Cartes à jouer, 100 p. cent.
Chaînes, or ou argent, 25 p. cent.
Châles, laine, 35 c. par livre et 40 p. cent.
" soie, 50 p. cent.
Chanvre non manufacturé, $25 par tonne.
" articles où le chanvre entre pour la plus grande partie, 35 p. cent.
Chapeaux de paille, soie ou satin ou en fourrures, 30 p. cent.
" pour dames, paille ou feutre, garnis de fleurs ou de plumes, 50 p. cent.
Chapeaux (formes de) en paille ou feutre, 30 p. cent.
Chaussures fourrées, en partie laine, 40 c. par livre et 35 p. cent.
" caoutchouc, vielles ou neuves, 25 p. cent.
" cuir, 30 p. cent.
" soie, ou principalement en soie, 50 p. cent.
" en laine ou en partie, 40 c. par livre et 35 p. cent.
Chemises (devants de) toile unie, 40 p. cent.
" " brodés, 30 p. cent.
" coton, cols et devants toile, 40 p. cent.
" de flanelle. (Voyez flanelle).
Cheveux non nettoyés, 20 p. cent.
" nettoyés, sans être travaillés, 30 p. cent.
" travaillés, 35 p. cent.
" bagues, bracelets, tresses, etc., 35 p. cent.
Chloroforme, 50 c. par livre.
Chocolat, 2 c. par livre.
Chromos, 25 p. cent.
Chronomètres, 10 p. cent.
Cidre, 20 p. cent.
Cigares et cigarettes de toutes espèces, $2.50 par livre et 25 p. cent., plus la taxe de l'Internal Revenue, qui est de $3 par 1,000 sur les cigares. Sur les cigarettes, 50 c. par 1,000, ne pesant pas plus de 3 livres par 1,000 ; au-dessus de 3 livres, par 1,000, $3.

Le Secrétaire du Trésor peut faire remettre les marchandises saisies, après le paiement d'une amende égale aux droits d'entrée et aux honoraires des estimateurs, s'il lui est prouvé d'une façon satisfaisante que l'illégalité n'était pas intentionnelle.

Cigares-porte, 70 p. cent.
Ciment romain, 20 p. cent.
Cirages, 25 p. cent.
Citrons en boîtes de 2½ pieds cubes, par boîte, 30 c.
„ en demi boîtes, 16c.
Collodion, 50 c. par livre.
Compas (boîtes de), 45 p. cent.
" pour la marine ou l'enseignement, 35 p. cent.
Confitures, 35 p. cent ; dans des pots de verre, droit additionnel pour le verre.

LOUIS F. MAZZETTI

Traiteur

— ET —

Confiseur

Coin de la 49me Rue et de la 6me Avenue

NEW YORK

SUCCURSALE

44 Ouest 125me Rue, entre les 5me et 6me Avenues

DÉPOT

46 Ouest 14me Rue, auprès de chez Macy

GLACES ET SORBETS

REPAS DE NOCES ET BANQUETS

Vaisselle, Argenterie, etc., fournies par la maison

Chefs et garçons de première classe
pour Diners particuliers

Conserves alimentaires : Artichauts, asperges, champignons, flageolets, haricots verts, macédoine de légumes, petits pois, 30 p. cent.
Corail, 25 p. cent.
Cordages goudronnés, 3 c. par livre.
    " non goudronnés, 2½ c.
Cordiaux. (Voyez liqueurs.)
Corsets, 35 p. cent.
Cosmétiques, 50 p. cent.
Coton brut, en franchise.
    " articles manufacturés, 40 p. cent.
Couleurs à l'huile, non spécifié, pour la peinture, 25 p. cent.
    " pour le sucre, 20 p. cent.
    " pour les eaux-de-vie, 50 p. cent.
Coutellerie de table, ciseaux, 35 p. cent.
    " couteaux de poche, canifs, 50 p. cent.
Couvertures de coton, 35 p. cent.
    " de coton et duvet, 35 p. cent.
    " de soie, 50 p. cent.
    " de laine, valant de 30 à 40 c. la livre, 12 c. par livre et 35 p. cent.
Couvertures de laine, valant de 40 à 60 c. la livre, 18 c. par livre et 35 p. cent.
Couvertures de laine, valant de 60 à 80 c. la livre, 24 c. par livre et 35 p. cent.
Couvertures de laine, valant 80 c. et plus la livre, 35 c. par livre et 40 p. cent.
Craie non manufacturée, en franchise.
    " manufacturée, 20 p. cent.
Cravates en coton, 35 p. cent.
    " en soie, 50 p. cent.
Crayons, 50 c. la grosse et 30 p. cent.
Cuillers et fourchettes, métal, 45 p. cent.
    " " argent, 25 p. cent.
Cuir en courroies, 15 p. cent.
    " tanné et corroyé, 20 p. cent.
Cuivre en barre, 1¼ c. par livre.
    " en feuilles, 45 p. cent.
    " objets, ustensiles composés de, 45 p. cent.
Dentelles en coton, 40 p. cent.
    " en fil, de 30 à 35 p. cent.
    " en soie et coton, 50 p. cent.
    " en soie, 50 p. cent.
Diamants taillés, non montés, 10 p. cent.
    " montés, 25 p. cent.
Dorure et argenture, 35 p. cent.
Drap pour habillement, ne valant pas plus de 80 c. la livre, 35 c. par livre et 35 p. cent.
    " au-dessus de 80 c., 35 c. par livre et 40 p. cent.
Draps de toile, 35 p. cent.
Eaux de Cologne, $2 per gallon et 50 p. cent.
    " dentifrices, de lavande, de Lubin, 50 p. cent.
    " de fleurs d'orange, pour la toilette, 50 p. cent.
    " de rose, 25 p. cent.
    " minérales naturelles, en franchise.
    " artificielles, ou toutes imitations d'eaux minérales, 30 p. cent.

PHARMACIE FRANÇAISE

Norbert Franck

PHARMACIEN

Drogues, Médicaments, Produits Chimiques, Eaux Minérales Naturelles, Parfumerie en Grande Variété. Catalogue et Renseignements fournis sur Demande.

311 SEVENTH AVENUE 311
NEW YORK.

A L'EXACTITUDE

Louis   Liagre

EXPRESS FRANÇAIS

SPÉCIALITÉ POUR LES STEAMERS

20 WEST THIRD STREET

Entre Greene & Mercer Sts.   **NEW YORK**

N. B.—Les Voyageurs seront renseignés gratuitement.

Toutes les eaux minérales en bouteilles sont soumises à un droit de 3 c. par bouteille.
Eaux-de-vie. (Voyez spiritueux.)
Ecaille (objets d'), 45 p. cent.
Enveloppes de papier, 25 p. cent.
Epaulettes, 25 p. cent.
Epées ou fleurets, 35 p. cent.
Epingles, 30 p. cent.
" de bijouterie, pour cravates, 25 p. cent.
Eponges, 20 p. cent.
Esprit, provenant de la distillerie. (Voyez spiritueux.)
Essences de bay rhum, $2 50 par livre.
" de fruits, $2 50 par livre.
" de rhum, 50 c. par once.
Pour tout ce qui a rapport à la toilette, 50 p. cent.
Ether sulfurique, 50 c. par livre.
" pour lesquels il n'y a pas de tarif spécial, $1 par livre.
Eventails de toutes espèces, 35 p. cent.
Extraits de bois de teinture, de campêche, d'indigo, 10 p. cent.
" de café, 20 p. cent.
" de ciguë, 20 p. cent.
" de viande, 20 p. cent.
" d'opium pour la médecine, 40 p. cent.
" pour la toilette, 50 p. cent.
Farines de sagou, de tapioca, en franchise.
" de seigle, ½ c. par livre.
" de blé, de riz, de sarrasin, 20 p. cent.
Fer. Les droits d'entrée sur ce métal sont très variés, selon la forme et l'emploi.
" manufacturé, 45 p. cent.
Ficelles en coton, 35 p. cent.
" en lin ou chanvre, 40 p. cent.
Figues vertes ou sèches, 2 c. par livre.
" préservées dans le sucre, 35 p. cent.
Flanelles, valant 30 c. la livre, 10 c. par livre et 35 p. cent.
" de 30 à 40 c. " 12 c. " et 35 "
" de 40 à 60 c. " 18 c. " et 35 "
" de 60 à 80 c. " 24 c. " et 35 "
" de 80 et plus " 35 c. " et 40 "
Fleurs artificielles, 50 p. cent.
Flutes et flageolets, 25 p. cent.
Foulards de soie, 50 p. cent.
Fourrures, 30 p. cent.
Fromages de toutes espèces, 4 c. par livre.
Fruits mûrs, non spécifiés, 10 c. la livre.
" conservés dans leur jus, 20 p. cent.
" confits, dans le sucre, sirop, eau-de-vie, 35 p. cent.
Les fruits en bocaux paient un droit add. pour le verre.
Galons de fil, 30 p. cent.
" or ou argent fin, ou demi-fin, 35 p. cent.

S. ASCHER

Courtier de Douane

ET

EXPÉDITIONNAIRE

Nos. 16 & 18 Exchange Place, New York

Agent pour

G. V. VAN ZANTEN & CO.

HILLEGOM, Près Haarlem . . . . . . HOLLANDE

ARTHUR FURBER

AVOCAT ET NOTAIRE

Recouvrement pour toutes espèces de Créances aux Etats-Unis et à l'Etranger.

293 AND 295 BROADWAY

NEW YORK

"   de coton, 40 p. cent.
"   de laine, 35 c. par livre et 40 p. cent.
"   de soie, 50 p. cent, 50 p. cent.
Gants de coton, 35 p. cent.
"   de laine, 35 c. la livre et 40 p. cent.
"   de soie, 50 p. cent.
"   de chevreau ou de peau, 50 p. cent.
Gélatines ou préparations similaires, 30 p. cent.
Gelées ou préparations similaires, 35 p. cent.
"   en bouteilles, droit additionnel pour le verre.
Gemme, pierre précieuse, 10 p. cent.
"   montée en bijoux, 25 p. cent.
Glace à rafraîchir, en franchise.
Glaces, miroirs de 10 pouces sur 15, 2½ c. par pied carré.
"   "   de 16   "   24, 2 c.   "   "
"   "   de 24   "   60, 20 c.   "   "
"   "   de 24   "   30, 6 c.   "   "
"   au-dessus de 24   "   60, 40 c.   "   "
    Indépendamment des droits ci-dessus, les glaces encadrées ont à subir un droit additionnel de 30 p. cent sur la valeur des cadres.
Glucose, ou sucre de raisin, 20 p. cent.
Glycérine non raffinée, 20 p. cent.
"   raffinée, 5 p. cent.
Goudron, 10 p. cent.
Graines pour usages médicinaux, en franchise.
"   pour usages agricoles et horticoles, 20 p. cent.
"   de lin, 20 c. par boisseau de 56 livres.
Graisses, 10 p. cent.
Gravures ou estampes, 25 p. cent.
Groseilles, 1 c. par livre.
Guimauve, camomille, en franchise.
Guitares, 25 p. cent.
Gutta-percha brute, en franchise.
"   manufacturée, 35 p. cent.
Haches et hachettes, 45 p. cent.
Harengs fumés, ½ c. par livre.
"   préparés, 25 p. cent.
Hautbois et clarinettes, 25 p. cent.
Houblon, 8 c. par livre.
Horloges et parties d'horloges, 30 p. cent.
Huiles d'amande, d'aniline, de camomille, de cédrat, de fenouil, de palme, de pavot, en franchise.
"   de coton, de lin, 25 c. par gallon de 7¼ livres.
"   d'olives, 25 p. cent.
"   de ricin, 80 c. par gallon.
"   de rhum, 50 c. par once.
"   de bay-rhum, $2.50 par livre.
"   de cognac, $4 par once.
"   pour la toilette, 50 p. cent.

Huiles essentielles, ou distillées, 25 p. cent.
    Les huiles en bouteilles paient un droit additionnel, de 3 c. par bouteille.
Hydromètres, 35 p. cent.
Hygromètres, 35 p. cent.
Imitations de bijouterie de toutes espèces, 25 p. cent.
    " de bronze, 45 p. cent.
Indigo, en franchise.
    " extraits, 10 p. cent
Instruments de musique, 25 p. cent.
    " de physique, 35 p. cent.
    " de chirurgie, 45 p. cent.
Iode brut, en franchise.
    " sublimé, 40 c. par livre.
Ipecacuanha, en franchise.
Iridium, en franchise.
Iris, en franchise.
Ivoire non manufacturé, en franchise.
    " boutons, 25 p. cent.
    " dés, jetons, échecs, 50 p. cent.
    " articles non spécifiés, 30 p. cent.
Jais non manufacturé, en franchise.
    " articles, ou imitation, 25 p. cent.
Japon, articles vernis, ou imitation de laque du Japon, 40 p. c.
Jarretières, 30 p. cent.
Jeux, damiers, dominos, échecs, en os, 35 p. cent.
    " " " " en ivoire, 50 p. cent.
Joaillerie, ou imitation, 25 p. cent.
Jouets, 35 p. cent.
Jus de fruits ne renfermant pas d'alcool, 20 p. cent.
Kaléidoscopes, 35 p. cent.
Kaolin, $3 par tonne.
Kirsch. (Voir liqueurs.)
Lacets de coton, 35 p. cent.
    " de cuir, 30 p. cent.
    " de soie, 50 p. cent.
Lainages pour robes. (Voyez flanelles.)
Lampes, métal ou autres, 45 p. cent.
Lancettes, 45 p. cent.
Lard, 2c. par livre.
Laudanum, 40 p. cent.
Légumes frais ou salés, 10 p. cent.
    " conservés. (Voir conserves alimentaires.)
Liège brut, en franchise.
    " manufacturé, 25 p. cent.
Lin non peigné, $20 par tonne.
    " peigné et préparé, $40 par tonne.
Lin, articles de fil écrus ou blanchis, 35 p. cent.
Liqueurs (cordials), anisette, bénédictine, crème de cassis, chartreuse, curaçao, etc., toutes espèces de liqueurs

composées de sucre et d'alcool, $2 par gallon. Un gallon représente 3 litres 785 ; en bouteille, droit additionnel de 3 c. par bouteille.

Lithographies, 25 p. cent.
Livres, brochures, revues, etc., 25 p. cent.
    Les livres imprimés depuis plus de vingt ans, destinés aux bibliothèques, maisons d'éducation, sociétés reconnues, ou ceux que l'on possède pour sa profession et non destinés à la vente, en franchise.
Lorgnettes, longues-vues, lunettes, 45 p. cent.
Macaroni, en franchise.
Machines à coudre, 45 p. cent.
    " ou modèles d'invention, en franchise.
Magnésie (sulfate de), ½ c. par livre.
    " carbonate, 5 c. par livre.
    " calcinée, 10 c. par livre.
    " acétate, citrate, 25 p. cent.
Manchons, 30 p. cent.
Manteaux et mantilles pour dames, en soie, 50 p. cent.
    " laine, 45 c. par livre et 40 p. cent.
Manuscrits, en franchise.
Marbre, $1.10 par pied cube.
    " pour statuaire, 50 p. cent.
Maroquin, 20 p. cent.
Marrons, châtaignes, 2 c. par livre.
Mastic, 1 c. par livre.
Matelas, substance végétale, 20 p. cent.
    " coton et substance végétale, 35 p. cent.
    " laine, selon valeur, de 40 à 50 p. cent.
Médailles, or, argent ou cuivre, en franchise.
Médicaments non spécifiés, 50 p. cent.
Mérinos. (Voyez flanelle.)
Mercure, vif-argent, 10 p. cent.
Métaux bruts, non spécifiés, 20 p. cent.
    " manufacturés, 45 p. cent.
Métronomes, 45 p. cent.
Meubles de toutes espèces, 35 p. cent.
Meules pour moulin ou coutelier, 20 p. cent.
Miel, 20 c. par gallon.
Mitaines. (Voyez gants.)
Montres, 25 p. cent.
    " (mouvements de), 25 p. cent.
Morphine, $1 par once.
Mortiers de marbre, 50 p. cent.
Mouchoirs de poche de coton, 35 p. cent.
    " de fil, 35 p cent.
    " de soie, 50 p. cent.
Mousselines, 35 p. cent.
Moutarde en grains ou en poudre, non préparée, 10 p. cent.
    " préparée, dite moutarde française, 35 p. cent.

BŒUF A LA MODE

CUISINE BOURGEOISE

112 West 25th Street

Table d'hôte : de midi à 2 heures et de 6 à 8 heures,
Vins et Café compris, 40 cents.

CHAMBRES MEUBLÉES

RENÉ DUPRÉ, Propriétaire.

NO BRANCH ESTABLISHMENT.

C. HUMBERT

MANUFACTURER OF

VANILLA CHOCOLATE CREAM DROPS

AND ALL KINDS OF CONFECTIONERY

Importer of Fancy Boxes and Fruits Glacés.

WHOLESALE AND RETAIL

No. 9, WOOSTER STREET, NEW YORK.

Musique (partitions pour le chant ou pour instruments), brochée ou reliée, 25 p. cent.
Muriate pour produits chimiques, 25 p. cent.
Muriatique, acide, en franchise.
Nacre de perle, en franchise.
" travaillée, 25 p. cent.
Naphte, 20 p. cent.
Nappes de coton damassé, 40 p. cent.
" de fil, 35 p. cent.
Narcotine, 50 p. cent.
Nattes, substance végétale, 25 p. cent.
Nickel, métal, 15 p. cent.
" (objets faits de), 45 p. cent.
Nitrate de soude, en franchise.
" d'argent, de fer, 25 p. cent.
Nitrique, acide, en franchise.
Noisettes, 3 c. par livre.
Noix, 3 c. par livre.
Noix vomique, en franchise.
Objets de ménage à l'usage depuis un an à l'étranger, et non destinés à la vente, en franchise.
Ocre sèche, $\frac{1}{2}$ c. par livre.
" delayée à l'huile, $1\frac{1}{4}$ c. par livre.
Oiseaux vivants ou empaillés, en franchise.
" montés pour garniture de chapeaux, 50 p. cent.
Olives fraîches ou conservées, en franchise
" en bouteilles ou en bocaux, droit en plus sur le verre.
Ombrelles, 50 p. cent.
Opium renfermant 9 p. 100 et plus de morphine, $1 par livre.
" contenant moins de 9 p. 100 de morphine, prohibé.
" (extraits d'), 40 p. cent.
" préparé pour fumer, $10 par livre.
Or en lingot ou monnayé, en franchise.
" en feuilles, par paquet de 500 feuilles, $1.50.
" bijouterie et montres, 25 p. cent.
" passementerie, aiguillettes, dentelles, galons, glands, épaulettes, franges, etc., 25 p. cent.
Orfévrerie d'or et d'argent, 45 p. cent.
Oranges en boîtes, n'excédant pas $2\frac{1}{2}$ pieds cubes, 25 c. p. boîte.
" en $\frac{1}{2}$ boîtes, n'excédant pas $1\frac{1}{4}$ pied cube, 13 c. p. $\frac{1}{2}$ boîte.
" écorses non confites, en franchise.
" écorses confites, 35 p. cent.
" eau de fleurs, pour l'usage pharmaceutique, 25 p. cent.
Orge, boisseau de 48 litres, 10 c. par boisseau.
" perlé, $\frac{1}{2}$ c. par livre.
Orgues et orguinettes, 25 p. cent.
Osier préparé, 25 p. cent.
" articles faits, 30 p. cent.
Oxalique, acide, en franchise.
Oxide de bismuth, d'étain, de fer, de zinc, 25 p. cent.

Oxymuriate de chaux, en franchise.
Paille tressée, 20 p. cent.
   " chapeaux, 30 p. cent.
Palettes, 35 p. cent.
Paniers, paille ou osier, 30 p. cent.
Pantalons. (Voyez vêtements.)
Papier à imprimer, journaux ou livres, 15 p. cent.
   " à lettres, pour registres, pour tentures, 25 p. cent.
   " mâché, articles de, 30 p. cent.
Parapluies, laine ou soie, 50 p. cent.
Parchemin, en franchise.
Pardessus. (Voyez vêtements.)
Parfumerie de toutes espèces, 50 p. cent.
Passementerie. (Voyez galons.)
Pâtes alimentaires, en franchise.
   " cosmétiques pour la toilette, 50 p. cent.
Pâtés de foie gras, 25 p. cent.
Pâtissiers, couteaux pour pâtissiers ou cuisiniers, 35 p. cent.
Peaux brutes, en franchise.
   " tannées ou apprêtées, 20 p. cent.
Peignes de toutes espèces, 30 p. cent.
Peintures. (Voyez tableaux.)
   " sur verre, sur ivoire, sur soie, métal, etc., 30 p. cent.
Peluches de coton, 40 p. cent.
   " de soie, 50 p. cent.
   " de laine, ou en partie, ne valant pas plus de 80 c. par livre, 35 c. par livre et 35 p. cent.
   " au-dessus de 80 c. la livre, 35 c. par liv. et 40 p. cent.
Perles non montées, 10 p. cent.
   " imitation ou composition, 10 p. cent.
   " montées en bijoux, 25 p. cent.
Phosphates pour préparations pharmaceutiques, 25 p. cent.
Phosphore, 10 c. par livre.
Photographies, portraits et vues, 25 p. cent.
   " repeintes par des artistes, 30 p. cent.
Pianos, 25 p. cent.
Pierres précieuses, non montées, 10 p. cent.
   " " montées, 25 p. cent.
   " lithographiques, brutes, 10 p. cent.
   " " gravées, 25 p. cent.
Pilules, non spécifiées, 50 p. cent.
Pinceaux, 30 p. cent.
Pipes en terre commune, 35 p. cent.
   " de toute autre espèce, 70 p. cent.
Pistolets, 35 p. cent.
Plantes, arbres, arbustes, en franchise.
   " artificielles, 50 p. cent.
Plaques, acier ou cuivre, pour la gravure, 25 p. cent.
   " préparées pour graver, 45 p. cent.
Plaqués, objets non spécifiés, 35 p. cent.

Platine non manufacturé, en franchise.
" cornues pour la chimie, vases, instruments, 45 p. cent.
Plomb en barre, 2 c. par livre.
" en feuilles, 3 c. par livre.
" antimonial pour caractères d'imprimerie, 20 p. cent.
" acétate brun, 4 c. par livre.
" " blanc, 6 c. par livre.
Plumes et duvets à l'état nature, en franchise.
" teintes ou fabriquées, 25 p. cent.
" montées et finies pour modes, 50 p. cent.
" métalliques, 12 c. par grosse.
Poids métriques, 45 p. cent.
Poisson frais, en franchise.
" salé, $\frac{1}{2}$ c. la livre.
" maquereau, saumon, 1 c. la livre.
" saumon préparé et conservé, 25 p. cent.
" dans l'huile, 30 p. cent, excepté sardines et anchois.
" colle de, 25 p. cent.
Poivre et épices, 5 c. par livre.
Pommades, 50 p. cent.
Pommes de terre, par baril de 60 livres, 15 c.
Porcelaine unie, 55 p. cent.
" ornée, peinte ou décorée, 60 p. cent.
Portefeuilles, 35 p. cent.
Porte-monnaie, 35 p. cent.
Potasse, bi-carbonate, $1\frac{1}{2}$ c. par livre.
" chlorate, chromate et bi-chromate, 3 c. par livre.
" sulfate, 20 p. cent.
" carbonate, 25 p. cent.
" iodate et hydriodate, 50 p. cent.
Poterie ordinaire et de grés, 25 p. cent.
" de faïence unie, 55 p. cent.
" peinte ou ornée, 60 p. cent.
Poudre insecticide, 10 p. cent.
" substances explosibles ne valant pas plus de 20 c. la livre, 6 c. par livre.
" au-dessus de 20 c., 10 c. la livre.
" pour polir, 20 p. cent.
" pour la toilette, 50 p. cent.
Poupées, 35 p. cent.
Préparations chimiques ou pharmac. non spécifiées, 50 p. cent.
Prunes et pruneaux, 1 c. la livre.
" préservés dans leur jus, 20 p. cent.
" confits, dans le sucre, sirop ou eau-de-vie, 35 p. cent.
En bouteilles ou bocaux, droit en plus p. le verre.
Prusse, bleu de, 25 p. cent.
Quinine, sels de, en franchise.
" sulfate, en franchise.
Quinquina, en franchise.

W. BANTA, Jr.
CHAPELIER

CANNES ET PARAPLUIES

218 SIXTH AVENUE

Quatre portes au-dessus de la 14me Rue

NEW YORK

AU GASTRONOME

Charcuterie Française

M. J. G. TORRILHON

B. BERGMANN

Successeur.

Spécialité de Galantines de Volailles et Saucissons de Lyon.

GROS ET DÉTAIL

425 SIXIÈME AVENUE

Racines médicinales, à l'état brut, en franchise.
    " préparées, 10 p. cent.
Raisins secs, 2 c. par livre.
    " en grappes, 20 p. cent.
Rasoirs, 50 p. cent.
Registres, reliés ou non, 25 p. cent.
Règles, os ou ivoire, 30 p. cent.
    " de bois, 35 p. cent.
    " de métal, 45 p. cent.
Réglisse, jus de, 3 c. par livre.
    " pâte de, 7½ c. par livre.
    " bois ou racine, en franchise.
Résine, gomme à l'état naturel, en franchise.
    " préparée pour la médecine, 25 p. cent.
Revolvers, 35 p. cent.
Rhubarbe, en franchise.
Rhum. (Voyez spiritueux.)
Ricin, graine de, 50 c. par baril de 50 livres.
Rideaux brodés, coton, mousseline ou guipure coton, 40 p. cent.
    " brodés soie, 50 p. cent.
    " portières ou tentures en fil, 35 p. cent.
    " " " en laine, 35 c. par liv. et 40 p. c.
Riz non nettoyé, 1½ c. par livre.
    " nettoyé, 2¼ c. par livre.
    " en grains, pour brasseurs, 20 p. cent.
Robinets de cuivre, 45 p. cent.
Rosaires et chapelets, 50 p. cent.
Rose, bois de, non manufacturé, en franchise.
    " meubles en bois de, 35 p. cent.
Rouge, fard, 50 p. cent.
Rouille, oxyde de fer, 25 p. cent.
Rubans de coton, mélangé de soie, 35 p. cent ; de soie, ou velours de soie, 50 p. cent ; de velours de coton, 40 p. cent.
Sabres, 35 p. cent.
Safran, en franchise.
Sagou, en franchise.
Saindoux, 2 c. par livre.
Salicylique, acide, en franchise.
Sandal, bois de, non manufacturé, en franchise.
    " manufacturé, 35 p. cent.
Sandaraque, 10 p. cent.
Sangsues, en franchise.
Santonine, $3 par livre.
Sardines et anchois à l'huile, en boîtes de 5 par 4 par 3½ pouces, 10 c. la boîte.
Sardines et anchois à l'huile, en demi-boîtes de 5 par 4 par 1½ pouces, 5 c. la boîte.
Sardines et anchois à l'huile, en quart de boîtes de 4¼ par 3¼ par 1¼ pouces, 2½ c. la boîte.
Sardines et anchois, importés de toute autre façon, 40 p. cent.

AVIS IMPORTANT

A

MESSIEURS LES VOYAGEURS

GRANDES ET PETITES

CHAMBRES

très bien meublées, exposées au soleil,
avec tout le confort désirable.

143 E. 15TH STREET

Près Union Square.

LIBRAIRIE

E. F. BONAVENTURE

2 et 4 BARCLAY ST. (Astor House)

LIVRES RARES ET CURIEUX dans toutes les langues, incunables, manuscrits, livres d'heures, poètes et classiques français en éditions originales, livres à figure du XVIIIe siècle, riches reliures de provenances illustres telles que *Diane de Poitiers, Henri II, Pompadour, Marie-Antoinette,* etc.

Ouvrages d'architecture et de décoration.—Eaux-fortes et gravures de toutes les écoles.—Portraits pour l'illustration des livres.—Grand choix de romans neufs et d'occasions.

Achat au Comptant de Bibliothèques et d'Ouvrages séparés

CORRESPONDANCE SOLLICITÉE

Satins, de coton, de 30 à 40 p. cent.
    " de soie, 50 p. cent.
Sauces, 35 p. cent.
    " en bouteilles, en plus 3. c. par bouteille.
Saucissons, d'Arles, de Bologne, de Lyon, en franchise.
    " en conserves, 25 p. cent.
Savons pour la toilette, 15 p. cent.
    " de Marseille, 20 p. cent.
Saxophones ou saxhorns, 25 p. cent.
Seigle, par baril de 56 livres, 10 c.
Sel marin ou minéral, 8 c. les 100 livres.
    " en baril ou en sacs, 12 c. les 100 livres.
Selles et harnais, 35 p. cent.
Serviettes en coton unies ou damassées, 40 p. cent.
    " en toile, 35 p. cent.
Sirops de fruits, cassis, framboises, grenadines, groseilles, de gomme, 30 p. cent.
    " en caisses, droits en plus de 3 c. par bouteille.
Soie brute en cocons, dévidée ou sans préparation, en franchise.
    " grège, moulinée, bourre de soie, 30 p. cent.
    " à coudre, pour machines, 30 p. cent.
    " étoffes de, robes et tissus de soie, 50 p. cent.
Soude, bi-carbonate, 1½ c. par livre.
    " sulfate, 20 p. cent.
    " arséniate, phosphate, salicylate, sels non spécifiés, 25 p.c.
Soufre brut, en franchise.
    " raffiné, $10 par tonne.
    " fleurs de, $20 par tonne.
Spiritueux, absinthe, cognac, eau-de-vie de marc, genièvre, gin, kirsch, rhum, whisky, etc., pesant 50 degrés français, $2 par proof gallon.
    Le proof gallon, équivant à 100 degrés américains, surtaxe de 2 c. par degré excédant 100 degrés. Les spiritueux doivent, sous peine de confiscation, être importés en fûts d'une capacité d'au moins 14 gallons. En caisse, droit additionel de 3 c. par bouteille. Il ne peut être importé moins d'une caisse de 12 bouteilles, même à titre d'échantillon. Un gallon représente comme capacité 3 litres 785. Voir à ce sujet le tableau comparatif des poids et mesures.
Statues d'artistes américains, en franchise.
    " d'artistes étrangers, 30 p. cent.
    " de bronze, 45 p. cent.
    " de marbre, 50 p. cent.
    " de plâtre, de terre cuite, 55 p. cent.
Statuettes, porcelaine ou autres, peintes ou décorées, 60 p. cent.
Substances minérales, 20 p. cent.
Sucre de canne, 10 p. cent.
    " raffiné, coloré, val. 30 c. la liv., ou moins 15 c. la livre.
    Voir le tarif spécial pour les différents droits sur le sucre.

Suif, 1 c. par livre.
Syphons à eau de seltz, 45 p. cent.
Tabac brut, en feuilles, 35 c. par livre.
" préparé, avec les côtes, 75 c. par livre.
" " sans côtes, $1 par livre.
" à priser, 50 c. par livre. Plus la taxe de l'Internal Revenue, 8 c. par livre.
Tableaux en chromolithographie, 25 p. cent.
" par des artistes américains, en franchise.
" par des artistes étrangers, 30 p. cent.
    Les tableaux encadrés paient un droit additionnel sur la valeur du cadre.
Tannin, $1 par livre.
Tapioca, en franchise.
Tapis, ou carpettes, chanvre ou jute, 6 c. par yard carrée.
" laine tramée, fil ou coton, 15 c. par y. carr. et 30 p. cent.
" Bruxelles, fil ou coton, 20 par yd. carrée et 30 p. cent.
" Aubusson, Saxe, moquette, Tournay, 45 c. p. yd. et 3 p. c.
" de table ou de guéridon, en fil, 40 cent.
" de laine ou en partie, val. 80 c. la liv., 35 c. la liv., 35 p. c.
" au dessus de 80 c. la liv., 35 c. par livre et 40 p. cent.
Tapisserie en coton, 35 c. et 40 p. cent.
" brodée en fil, 30 p. cent.
" en laine ou en partie, 35 c. par livre et 40 p. cent.
" en soie, 50 p. cent.
Tartre raffiné, 4 c.
" crème de, 6 c. par livre.
Teinture de bois, 10 p. cent.
" d'opium, 40 p. cent.
" pour usages médicinaux, ou pour la toilette, 50 p. cent.
Télescopes, 45 p. cent.
Térébentine, esprit de, 20 c. par gallon.
Thé, en franchise.
Théâtre, costumes appartenant aux acteurs et apportés avec eux, en franchise.
" bijouterie fausse de, 25 p. cent.
Thermomètres, 45 p. cent.
Tissus pour lesquels il n'y a pas de tarif spécial, 35 p. cent.
Toiles cirées, 40 p. cent.
" blanches ou écrues, unies, ouvrées ou damassées, 35 p. c.
" à voiles, 35 p. cent.
Tomates, 10 p. cent.
Topazes, 10 p. cent.
" montées en bijoux, 25 p. cent.
Tresses de coton, 35 p. cent.
" de fil, 40 p. cent.
" de laine, tout ou en partie, 30 c. par livre et 50 p. cent.
" de soie, 50 p. cent.
" en coton et en soie, importées exclusivement pour chapeaux, ne paient que 20 p. cent.

IMPRIMERIE

LIBRAIRIE FRANÇAISE

CABINET DE LECTURE

L. DERMIGNY

126 WEST 25me RUE

NEW YORK.

Travaux d'imprimerie de tous genres.
Vente et importation de livres neufs et d'occasion, journaux illustrés, de modes, etc. — Articles de bureaux, papeterie, imagerie d'Épinal, chromos, jeux, grammaires et dictionnaires, etc.
Location de livres au volume ou au mois.
PARFUMERIE FRANÇAISE.
Vente d'accessoires pour machines à coudre et couturières.
Tabacs, cigares et cigarettes, importés ou non.

Éditeur de la BIBLIOTHÈQUE, revue mensuelle illustrée, bibliographique et littéraire. Prix, 50 cents par an.

Tripoli, en franchise.
Trousses pour médecins ou chirurgiens, 45 p. cent.
Truffes en conserves, 30 p. cent.
Tubes en os ou ivoire, 30 p. cent.
    " en cuivre, 35 p. cent.
    " en verre ou cristal, 40 p. cent.
Turquoises, non montées, 10 p. cent.
    " montées en bijoux, 25 p. cent.
Vanille à l'état brut, en franchise.
    " alcool de, $2 par gallon et 25 p. cent.
Vases, bronze, cuivre ou tout autre métal, 45 p. cent.
    " porcelaine de Chine, unis, 55 p. cent.
    " " " " décorés ou peints, 60 p. cent.
Vélocipèdes, 35 p. cent.
Velours de coton, 40 p. cent.
    " de soie, 50 p. cent.
    " de laine pour carpettes, 25 c. par yd carrée et 30 p. c.
Vermicelle, en franchise.
Vermillon pour couleurs, 25 p. cent.
Vermouth. (Voyez vins.)
Vernis, sans esprit, 40 p. cent.
    " renfermant de l'esprit, $1.32 par gallon et 40 p. cent.
Verres, gravés, peints, taillés, de montres, d'optiques; tous les articles en verre, exceptés les miroirs et les glaces, 45 p. cent.
Vert-de-gris, en franchise.
Vêtements de tous genres : de laine, tout ou en partie, 40 c. la livre et 35 p. cent.
    " de toile, 40 p. cent.
    " de soie, composés, 50 p. cent.
    " de toute autre nature, 35 p. cent.
    Les vêtements en cours d'usage, depuis plus d'un an, sont affranchis de tout droit.
Viandes conservées, 25 p. cent.
Vichy, pastilles, sels de, 25 p. cent.
Vinaigre ordinaire, 7½ c. par gallon.
    " concentré. (Voyez acide acétique.)
    " de toilette ne renfermant pas d'alcool, 50 p. cent.
    " contenant de l'alcool, $2 par gallon et 50 p. cent.
Vins en fûts, quelque soit la qualité, 50 c. par gallon.
    Les vins doivent, sous peine de confiscation, être importés en fûts d'une capacité d'au moins 14 gallons.
Vins en caisses de 12 bouteilles, contenant plus d'une pinte et pas plus d'une quarte, $1.60 par caisse.
    " en caisses de 2 douzaines de bouteilles, ne contenant pas pas plus que la pinte, $1.60 par caisse.
    Les bouteilles contenant plus d'une quarte paient un droit additionnel de 5 c. par chaque pinte, ou fraction de pinte, en surplus du droit de $1.60. Toutes les bouteilles contenant plus d'une pinte et moins d'une quarte

FAITES VOTRE GLACE VOUS-MÊME

AU MOYEN DES

GLACIÈRES DELPY

Récompensées aux Expositions

ET

Brevetées aux États-Unis le 2 Octobre 1888.

Produisant un bloc de glace en quelques minutes par une simple opération ; ou la crème à la glace (ice cream) ; ou les carafes frappées.

RÉUSSITE CERTAINE

Prix de revient de la glace insignifiant, le sel employé servant indéfiniment.

Seuls propriétaires et fabricants pour l'Amérique,

L. DERMIGNY & Cie

126 WEST 25th STREET

NEW YORK.

ON DEMANDE DES AGENTS.

paient $1.60 par douzaine de bouteilles, soit en caisse de une douzaine ou autrement, mais chaque caisse, *même à titre d'échantillon*, doit contenir au moins une douzaine de bouteilles. Le gallon représente comme capacité, 3 litres 785.

Vins de Champagne, mousseux, en bouteilles d'une demi-pinte et moins, $1.75 par douzaine ; entre la demi-pinte et la pinte, $3.50 par douzaine ; entre la pinte et la quarte, $7 par douzaine ; de plus d'une quarte, supplément, $2.25 par gallon.

Il n'est accordé aucune diminution pour avarie, casse ou coulage. Les vins contenant plus de 24 p. cent d'alcool sont prohibés. Les vins en caisses paient un droit additionnel de 3 c. par bouteille.

Vins médicinaux, 50 c. par livre.
Violons, violoncelles, contre-basses et archets pour, 25 p. cent.
Vitriol vert, 3/10 de cent par livre.
" bleu, 3 c. par livre.
Voitures, 35 p. cent.
Whiskey. (Voyez spiritueux.)
Zinc brut, 1¼ c. par livre.
" en feuilles, 2¼ c par livre.
" acétate, chloride de. 25 p. cent.
" préparé pour graver, 45 p. cent.

Fusils de tir ou de guerre, 25 p. cent.
" " chasse, 35 p. cent.
" canons de chasse, brut, 10 p. cent.
" " " finis, 40 p. cent.

NOTES COMPLÉMENTAIRES.

Les eaux minérales, pour entrer en franchise, doivent être accompagnées d'une facture certifiée par le propriétaire de la source et légalisée par le consul américain le plus proche du pays d'expédition.

Chaque voyageur peut entrer en franchise une montre de provenance étrangère, un fusil et une quantité raisonnable de vêtements.

Les vêtements, robes, chapeaux, etc., ayant plus d'une année d'usage, sont également admis en franchise, à la condition, toutefois, que la personne, propriétaire desdits objets, les apporte avec elle, ou puisse certifier qu'elle est arrivée aux Etats-Unis dans l'année qui en a précédé l'envoi. Il faut dans ce cas déclarer la date exacte de son arrivée dans ce pays, et le nom du steamer sur lequel on s'est embarqué.

Chaque voyageur peut, en outre, avoir 50 cigares, sans avoir de droits à payer, au-dessus de cette quantité les droits sont exigibles.

ZIMMERMANN & FORSHAY

BANQUIERS

No. 11 Wall Street

NEW YORK

Membres du New York Stock Exchange

Transferts par Câble et Traites sur Paris et sur toutes les parties de l'Angleterre, de l'Irlande, de l'Europe, de l'Asie, de l'Afrique et de l'Australie.

Achat et Vente des Obligations et Actions des Gouvernements Européens.

COUPONS TOUCHÉS

Tous les meubles, indistinctement, appartenant aux passagers, les livres, les instruments et les outils nécessaires à leurs professions ou à leurs métiers, sont exempts des droits de douane; il faut, toutefois, déclarer que les articles ci-dessus sont leur propriété depuis plus d'une année.

Les machines à vapeur sont exclues de la franchise.

RENSEIGNEMENTS GÉNÉRAUX POUR LES IMPORTATEURS.

Le connaissement, la facture et les instructions doivent toujours être envoyés aux agents consignataires à NewYork, par le bateau porteur de la marchandise.

Les marchandises doivent être déclarées à la douane vingt-quatre heures après l'arrivée du steamer; faute de se soumettre à cette formalité, les marchandises sont envoyées dans un endroit spécial " *General Order* " et sujettes à un droit de magasinage.

Toutes les factures doivent indiquer les poids, mesures et monnaies du pays d'exportation, sans égard aux poids, mesures et monnaies des Etats-Unis.

Les marchandises doivent être facturées au prix du cours, et non d'après les prix payés soit comme solde, soit comme vendues aux enchères.

Quand les marchandises paient un droit spécifique, telles que lainages, tapisserie, parfumerie, etc., les mesures ou poids nets doivent figurer sur la facture.

Quand la facture consulaire ne mentionne pas les poids, quantités et mesures des marchandises, la douane n'en donne livraison qu'autant qu'elle est couverte par un versement de garantie, versement toujours supérieur à la valeur des droits d'entrée.

S'il y a contestation sur la valeur des marchandises déclarées, l'importateur peut toujours prendre un expert pour arbitre.

Les factures, à partir d'une valeur de $50, doivent être envoyées en double, l'une pour le destinataire, l'autre pour la douane.

N. B. — Toute personne faisant la contrebande, ou essayant d'introduire dans les Etats-Unis des marchandises en fraude, soit en évitant d'acquitter les droits, soit par de fausses déclarations à la douane, est passible d'amende et d'emprisonnement. Les marchandises sont, en outre, confisquées au profit de l'Etat.

Chemisier Parisien

E. RIGAUT

No. 405 SIXIÈME AVENUE

Coupeur des Premières Maisons de Paris

SUR MESURE:

6 Chemises Wamsutta pour $9

Réparations : Cols, Devants et Poignets

CHEMISES, CALEÇONS ET GILETS DE FLANELLE

WM. R. JENKINS

Editeur ❖ & ❖ Libraire ❖ Français

851 & 853 6ME AVENUE

Coin de la 48me Rue   NEW-YORK

Spécialité de Publications Françaises

TRÈS BON MARCHÉ.

Importations toutes les semaines des Ouvrages et Romans les plus nouveaux.

Tableaux Comparatifs des Distances, des Monnaies, des Poids et Mesures et des Thermomètres en usage en France et aux Etats-Unis

MESURES DE LONGUEUR

FRANCE

1 millimètre = 0 inch ou pouce 0393
1 centimètre = 0 pouce 3937
1 décimètre = 3 pouces 937
1 mètre = 39 pouces 3707 ou 1 yard 0936
L'unité est le mètre, la dix-millionième partie du quart du méridien terrestre.

ETATS-UNIS

1 inch ou pouce = 0m.025399
1 pied = 0m.304794
1 yard = 0m.91430
L'unité est le yard.
10 lines font 1 pouce,
12 pouces font 1 pied,
3 pieds font 1 yard.

MESURES ITINÉRAIRES

1 kilomètre = 0 mille 6213
1 lieue (4 kilomètres) = 2 milles 4852

1 mille = 1 kilomètre 6093
3 milles (1 lieue) = 4 kilomètres 8279

LIEUES MARINES

Lieue marine de 20 au degré, 5 kil. 556
Mille marin de 60 au degré ou d'une minute et tiers de lieue marine, 1 kil. 852
Brasse, 5 pieds = 1 mètre 624
Nœud, 1.420 du mille marin, 15m.422
Encablure de 100 toises, 194m.904
Encablure nouvelle, 200 mètres.

Brasse ou fathom = 1 mètre 829

1. Chacun des nœuds du loch parcourus dans les 30 secondes du sablier ou dans la 120e partie d'une heure correspond à une marche d'un mille marin par heure. Ainsi, 9 nœuds filés en 30 secondes indiquent une marche de 9 milles ou de 3 lieues marines par heure.

DISTANCES APPROXIMATIVES PAR MER

DE NEW-YORK A	KILOM.
Sandy Hook	29
Cape Race	1,625
Queenstown	4,478
Liverpool	4,891
Londres	5,203
Plymouth	4,775
Bristol	4,843
Glasgow	4,687
Belfast	4,658
Southampton	5,068
Brest	4,766
Cherbourg	5,004
Havre	5,084
Bordeaux	5,326
Hambourg	5,825
Brême	5,744
Amsterdam	5,648
Banc de Terre-Neuve	1,677
Queenstown à Liverpool	407

MAISON FRANÇAISE PRIVÉE

TENUE PAR

J. FÉLIX

Etablissement de Premier Ordre recommandé spécialement à MM. les Voyageurs.

Chambres et Appartements Meublés avec Pension

CUISINE ESSENTIELLEMENT FRANÇAISE

52 WEST 25TH STREET

Près Broadway   NEW YORK

L. LEBAILLY

1266 & 1268 BROADWAY

Entre les 32me et 34me Rues

IMPORTATION DIRECTE

VINS FRANÇAIS, LIQUEURS FINES, Etc.

Excellent Choix de Vins de Californie

GROS ET DÉTAIL

MESURES DE SUPERFICIE

1 centimètre carré = 0.1550 pouce carré
1 mètre carré = 10.7642 pieds carrés
1 are = 119.6033 yards carrées
1 hectare = 2.4711 acres
L'unité est l'are, 100 mètres carrés ou carré de 10 mètres de côté.

1 pouce carré = 6.4513 centimètres carrés
1 pied carré = 0.0928 mèt. carré
1 yard carrée = 0.8360 mèt. carré.
1 acre = 0.4046 hectare
L'unité est la yard carrée
144 pouces carrés font 1 pied carré
9 pieds carrés font 1 yard carrée
30¼ yards carrés ou 272¼ pieds carrés font 1 verge
40 verges font 1 perche, et 4 perches font 1 acre.

MESURES DE VOLUME

1 mètre cube = 35.3165 pieds cubes
L'unité est le mètre cube, c'est un solide de la forme d'un dé à jouer ayant 1 mètre de chaque côté.

1 pied cube = 0.2831 mètre cube
L'unité est le yard cube = 0m.7645132 cube
1728 pouces cubes font 1 pied cube
27 pieds cubes font 1 yard cube
40 pieds cubes forment 1 tonne, l'unité d'évaluation pour les chargements maritimes.

POIDS.

Livre avoirdupois, mesure de poids pour peser toutes les matières, excepté les pierres précieuses, les métaux, les liquides et les prescriptions médicales.

1 gramme, = 15 grains 4323
1 kilogramme = 2 livres 2046
1 quintal (100 kilos) = 220 livres 46
1 tonne (1,000 kilos) = 2204 livres 60
L'unité est le gramme, c'est un poids dans le vide d'une centimètre cube d'eau destillée à une température de 4 degrés centigrades au-dessus de zéro.

1 once = 28 grammes 349
1 livre = 0 kilo 45359
100 livres = 45 kilos 359
1 tonne = 1016 kilos 0475
L'unité est la livre Troy. Un pouce d'eau destillée à 62 degrés Fahrenheit et 30 pouces de pression barométrique pèsent 252 grains 458 dont 5,760 font la livre Troy, et 7,000 la livre avoirdupois.

AVOIRDUPOIS.—16 drachmes font 1 once; 16 onces font 1 livre; 28 livres font ¼ quintal, 112 livres font 1 hundred-weight; 20 hundred-weights font 1 tonne.

POIDS TROY.—Usité pour les pierres précieuses et les métaux. 24 grains font 1 penny-weight [denier de poids]; 20 penny-weights font 1 once; 12 onces font 1 livre, soit en grammes 373.2419.

POIDS DE JOAILLERIE.—L'once de diamants se divise en 151½ carats, 6 carats font 19 grains. Pour les pierres précieuses le carat se divise en 4 grains ou ½ carat, ¼, ⅛, 1/16 de carat. Un carat = 3.1683 grains Troy, un carat = 0.205302 grm.

POIDS PHARMACEUTIQUES.—Employés dans les formules, mais non dans le commerce des médicaments. Mesures des solides: 20 grains font 1 scrupule; 3 scrupules font 1 drachme; 8 drachmes font 1 once; 12 onces font 1 livre. Mesures des liquides: 60 gouttes font 1 drachme fluide; 8 drachmes fluides = 1 once fluide.

RAPPORT DES DEUX SORTES DE POIDS.—700 grains Troy = 1 livre avoirdupois; 175 livres Troy = 144 livres avoirdupois; 175 onces Troy = 192 onces avoirdupois; 437½ grains Troy = 1 once avoirdupois. Le poids livre Troy étalon déposé à l'Hôtel des Monnaies à Philadelphie équivant à 22.694377 pouces cubes. La livre avoirdupois étalon = 27.7015 pouces cubes d'eau.

MAISON DE CONFIANCE

VINS DE CALIFORNIE

6 South William St., New York

A. LOISEAU & CO.,

PROPRIÉTAIRES

Vins des meillieur crus ZINFANDEL, garantis absolument purs et d'une qualité tout à fait supérieure.

Clarets et Bourgogne, Vins Blancs, Sherry, Port, Angelica, Cognac, etc.

LA

MAISON DUBOIS

est transférée du No. 126 Waverley Place

AU

No. 73 WASHINGTON PLACE,

Près de la 6me Avenue

PENSION, CHAMBRES, TABLE

Prix Modérés

MESURES DE CAPACITÉ

LIQUIDES, VINS, ESPRITS, VINAIGRE, CIDRE, ETC.

1 centilitre = 0.0211 pint
1 litre = 1 quarte 0567
1 hectolitre = 26 gallons 417
L'unité principale pour mesurer les liquides est le litre ; c'est la contenance d'un décimètre cube.

1 pint = 47.3150 centilitres
1 quart = 0 litre 9463
1 gallon = 3 litres 785
L'unité principale pour mesurer les liquides est le gallon de vin ancien type fixé à 231 pouces cubes.
4 gills font 1 pinte
2 pints font 1 quart
4 quarts font 1 gallon
31½ gallons font 1 baril
63 gallons font 1 barrique
126 gallons font 1 pipe.

MATIÈRES SÈCHES DIVISÉES

GRAINS, GRAINES, LÉGUMES, SEL, ETC.

1 centilitre = pint .0181
1 litre = 0 quart 9081
1 hectolitre = 2 bushels 8379
L'unité principale pour mesurer les matières sèches est le litre, c'est la contenance d'un décimètre cube.

1 pint = 0 litre 55058
1 quart = 1 litre 1011
1 bushel = 35 litre 2371
L'unité principale pour mesurer les matières sèches divisées est l'ancien gallon de 268 pouces 80
2 gallons forment 1 peck
4 pecks forment 1 bushel ou boisseau.
Le charbon de terre, les pommes de terre, les pommes et toutes sortes de fruits sont évalués à mesure comble.
Le bushel normal a 18 pouces ½ de diamètre intérieur et 8 pouces ¼ de profondeur.

MONNAIES

L'unité principale monétaire est le franc. Le franc est une pièce d'argent du poids de 5 grammes dont 9 dixièmes d'argent fin et 1 dixième de cuivre.

L'unité principale monétaire est le dollar. La monnaie d'or est la seule monnaie légale. La monnaie d'argent ne circule que comme appoint. La loi du 21 Février 1853 établit en fait entre l'or et l'argent un rapport de valeur comme 14.89 est à 1.
L'aigle contient 258 grains d'or fin, ses multiples et sous multiples sont en proportion. Le dollar d'argent contient 412½ grains, les autres monnaies d'argent sont en proportion.

			Poids légal en grammes.	Valeur absolue.	Valeur courante.
Or.	Pièce de 50 dollars		83.587	259.10 fr.	258.00 fr.
"	20 "		33.435	103.64	103.30
"	10 "		16.617	51.82	51.65
"	5 "		8.358	25.91	25.80
"	2½ "		4.179	12.95	12.90
"	1 "		1.671	5.18	5.15
Argent.	Pièce de 1 dollar ou 100 cents		26.729	5.34	5.30
"	1/2 "	50 "	13.364	2.67	2.65
"	1/4 "	25 "	6.682	1.33	1.35
One dime 1/10	"	10 "	2.672	0.53	0.53
Half dime 1/20	"	5 "	1.336	0.26	0.25
Three cts. [taxe postale]		3 "	—	—	0.15

A. RIGNY

(Successeur de E. SAGE)

IMPORTATEUR DE

ABSINTHE SUISSE

Vins Français, Cognacs, Liqueurs Fines, etc.

VINS DE BORDEAUX EN BARRIQUES ET EN BOUTEILLES

VIN TONIQUE DE SAINT-RAPHAEL, DRÔME
recommandé par les meilleurs médecins de France.

VINS DE CALIFORNIE DES MEILLEURS CRUS

GROS ET DETAIL

No. 2 OUEST 13me RUE

Près 5me Avenue   NEW YORK

ACHILLE BATAILLE

FABRICANT

D'OBJETS EN FIL DE FER

122 WEST BROADWAY

Près la Station de Franklin St.   NEW YORK

Grilles pour Devantures, Bureaux, Cimetières, etc. — Toiles Métalliques en tous genres. — Porte-Bouteilles, Tamis pour Confiseurs, etc.

VALEUR LÉGALE DES MONNAIES ÉTRANGÈRES.

Loi du 1er Janvier 1885.

Pays.	Unité Monétaire.	Étalon.	Valeur en Monnaie Américaine.
République Argentine	Peso	Or et Argent.	$ .96 5/10
Autriche	Florin	Or.	.39 3/10
Belgique	Franc.	Or et Argent.	.19 3/10
Bolivie	Boliviano	Argent.	.79 5/10
Brésil	Milreis.	Or.	.54 6/10
Canada	Dollar	Or.	1.00
Chili	Peso	Or et Argent.	.91 2/10
Chine	Taël	Argent.	1.20
Cuba	Peso	Or et Argent.	.93 2/10
Danemark	Couronne	Or.	.26 8/10
Equateur	Peso	Argent.	.79 5/10
Egypte	Piastre.	Or.	.04 9/10
France	Franc.	Or et Argent.	.19 3/10
Grande-Bretagne	Livre Sterling.	Or.	4.86 65/100
Grèce	Drachme.	Or et Argent.	.19 3/10
Empire d'Allemagne	Mark	Or.	.23 8/10
Haïti	Gourde	Or et Argent.	.96 5/10
Indes	Roupie.	Argent.	.37 8/10
Italie	Lire	Or et Argent.	.19 3/10
Japon	Yen.	Argent.	.85 8/10
Libéria	Dollar	Or.	1.00
Mexique	Dollar	Argent.	.86 4/10
Pays-Bas	Florin	Or et Argent.	.40 2/10
Norwège	Couronne	Or.	.26 8/10
Pérou	Sol	Argent.	.79 5/10
Portugal	Milreis.	Or.	1.08
Russie	Rouble.	Argent.	.63 6/10
Iles Sandwich	Dollar	Or.	1.00
Espagne	Peseta	Or et Argent.	.19 3/10
Suède	Couronne	Or.	.26 8/10
Suisse	Franc.	Or et Argent.	.19 3/10
Tripoli	Mahbub.	Argent.	.71 7/10
Turquie	Piastre.	Or.	.04 4/10
Etats-Unis de Colombie	Peso	Argent.	.79 5/10
Vénézuéla	Bolivar	Or et Argent.	.19 3/10

CONVERSATIONS DE FAMILLE

ET GUIDE DU BON SENS, par le Dr. E. B. FOOTE. Trésor médical de la maison et guide infaillible pour la conservation de la santé. Ce livre, grâce à sa clarté, à l'originalité des idées, à sa puissante méthode de traitement des cas les plus délicats, a causé une profonde sensation dès son apparition. Les chapitres sur les causes et la prévention des maladies, les considérations particulières intéressant les hommes et les femmes, les relations des sexes entre eux, les essais traitant des jeunes et des vieux en ce qui concerne le mariage, les faiblesses sexuelles et leur guérison, sont dépeints plus clairement que dans tout autre livre de médecine. 800 pages avec 200 illustrations et 6 beaux dessins anatomiques coloriés. Edition populaire, $1.50. Envoyé franco de port en anglais ou en allemand seulement.

MURRAY HILL PUBLISHING CO.
129 Est 28me Rue, New York.

SAMUEL ARONSON

FABRICANT ET COMMERÇANT EN

AUVENTS, TAPIS

Toile Cirée pour tables et parquets

CADRES DE TABLEAUX ET MIROIRS, PAPIER PEINTS

Malles et Sacs de Voyage, Articles de Fantaisie, etc.

289 & 290 BLEECKER ST.

Près des Paquebots Transatlantiques.   NEW YORK

Tableau des Francs de France, Suisse et Belgique, Livres Italiennes, Pesetas Espagnoles et Drachmes de Grèce au Taux de 19 3/10 chaque.

Francs.	Cents.	Francs.	Dollars.	Francs.	Dollars.
1	0.19 3/10	36	6.95	73	14.09
2	0.38 6/10	37	7.14	74	14.28
3	0.57 9/10	38	7.33	75	14.48
4	0.77 2/10	39	7.53	76	14.67
5	0.96 5/10	40	7.72	77	14.86
		41	7.91	78	15.05
	Dollars.	42	8.11	79	15.25
6	1.16	43	8.30	80	15.44
7	1.35	44	8.49	81	15.62
8	1.54	45	8.69	82	15.83
9	1.74	46	8.88	83	16.02
10	1.93	47	9.07	84	16.21
11	2.12	48	9.26	85	16.41
12	2.32	49	9.46	86	16.60
13	2.51	50	9.65	87	16.79
14	2.70	51	9.84	88	16.98
15	2.90	52	10.04	89	17.18
16	3.09	53	10.23	90	17.37
17	3.28	54	10.42	91	17.56
18	3.47	55	10.62	92	17.76
19	3.67	56	10.81	93	17.95
20	3.86	57	11.00	94	18.14
21	4.05	58	11.19	95	18.34
22	4.25	59	11.39	96	18.53
23	4.44	60	11.58	97	18.72
24	4.63	61	11.77	98	18.91
25	4.83	62	11.87	99	19.11
26	5.02	63	12.16	100	19.30
27	5.21	64	12.35	200	38.60
28	5.40	65	12.55	300	57.90
29	5.60	66	12.74	400	77.20
30	5.79	67	12.93	500	96.50
31	5.98	68	13.12	600	115.80
32	6.18	69	13.32	700	135.10
33	6.37	70	13.51	800	154.40
34	6.56	71	13.70	900	173.70
35	6.76	72	13.90	1,000	193.00

Maison A. Germain

HOTEL

Pension de Famille, Chambres et Appartements à des prix très modérés.

RESTAURANT

Table d'Hôte de midi à 2 heures et de 5 heures à 9 heures, 50 Cents.

Service à la Carte à toute heure

80 CLINTON PLACE

(Ouest 8me Rue)

Près de la 5me Avenue, au centre de la ville et à proximité des lignes transatlantiques.

LITRES RÉDUITS EN QUARTES.

1 Litre égale 1 Quarte 0567.

Litres.	Quartes.	Litres.	Quartes.	Litres.	Quartes.
1	1.06	38	40.15	75	79.25
2	2.11	39	41.21	76	80.31
3	3.17	40	42.27	77	81.37
4	4.23	41	43.32	78	82.42
5	5.28	42	44.38	79	83.48
6	6.34	43	45.44	80	84.54
7	7.40	44	46.49	81	85.59
8	8.45	45	47.55	82	86.65
9	9.51	46	48.61	83	87.71
10	10.57	47	49.66	84	88.76
11	11.62	48	50.72	85	89.82
12	12.68	49	51.78	86	90.88
13	13.74	50	52.84	87	91.93
14	14.79	51	53.89	88	92.99
15	15.85	52	54.95	89	94.05
16	16.91	53	56.01	90	95.10
17	17.96	54	57.06	91	96.16
18	19.02	55	58.12	92	97.22
19	20.08	56	59.18	93	98.27
20	21.13	57	60.23	94	99.33
21	22.19	58	61.29	95	100.39
22	23.25	59	62.35	96	101.44
23	24.30	60	63.40	97	102.50
24	25.36	61	64.46	98	103.56
25	26.41	62	65.52	99	104.61
26	27.47	63	66.57	100	105.67
27	28.53	64	67.63	200	211.34
28	29.59	65	68.69	300	317.01
29	30.64	66	69.74	400	422.68
30	31.70	67	70.80	500	528.35
31	32.76	68	71.86	600	634.02
32	33.81	69	72.91	700	739.69
33	34.87	70	73.97	800	845.36
34	35.93	71	75.03	900	951.03
35	36.98	72	76.08	1,000	1,056.70
36	38.04	73	77.14	1,100	1,162.37
37	39.10	74	78.20	1,200	1,268.04

Maison SCHLAEPPI FRÈRES

SUCCESSEURS DE M. LORENZO

IMPORTATEURS DE

VINS, COGNACS ET LIQUEURS

Spécialité de Vins de Californie

Dépôt de Kirsch et Gentiane Suisses

---

136 BLEECKER ST., NEW YORK

Expéditions à l'Intérieur. Livraisons à Domicile.

GROS ET DÉTAIL

F. MONTANDON

HORLOGERIE

—ET—

BIJOUTERIE

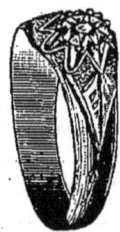

Réparations faites avec soins.

117 CLINTON PLACE

Près la 6me Avenue NEW YORK

KILOS RÉDUITS EN LIVRES AVOIRDUPOIS.

1 Kilo égale 2 Livres 2046.

Kilos.	Livres.	Kilos.	Livres.	Kilos.	Livres.
1	2.205	38	83.79	75	165.375
2	4.41	39	85.995	76	167.58
3	6.615	40	88.20	77	169.785
4	8.82	41	90.405	78	171.99
5	11.025	42	92.61	79	174.195
6	13.23	43	94.815	80	176.40
7	15.435	44	97.02	81	178.605
8	17.64	45	99.225	82	180.81
9	19.845	46	101.43	83	183.015
10	22.05	47	103.635	84	185.22
11	24.255	48	105.84	85	187.425
12	26.46	49	108.045	86	189.53
13	28.665	50	110.25	87	191.835
14	30.87	51	112.455	88	194.04
15	33.075	52	114.66	89	186.245
16	33.075	53	114.66	90	196.245
17	37.485	54	119.07	91	200.655
18	39.69	55	121.275	92	202.86
19	41.895	56	123.48	93	205.065
20	44.10	57	125.48	94	297.27
21	46.305	58	127.89	95	209.475
22	48.51	59	130.085	96	211.68
23	50.715	60	132.30	97	213.885
24	52.92	61	134.505	98	216.09
25	55.125	62	136.71	99	218.295
26	57.33	63	138.915	100	220.05
27	59.535	64	141.12	200	441
28	61.74	65	143.325	300	661.5
29	63.945	66	145.53	400	882
30	66.15	67	147.735	500	1102.5
31	68.355	68	149.94	600	1323
32	70.56	69	152.145	700	1543.5
33	72.765	70	154.35	800	1764
34	74.97	71	156.555	900	1984.5
35	77.175	72	158.76	1000	2205
36	79.38	73	160.965	1100	2425.5
37	81.585	74	163.16	1200	2646

ANCIENNE MAISON E. VIMAR

A. DUMONT, Successeur

Pâtés de Foie Gras et de Gibier et Choucroûte importée.

CHARCUTERIE DE PREMIER CHOIX

Fine Provisions.
Hotels, Steamers and Families Supplied.

176 WOOSTER STREET,　　　　NEW YORK.

MAISON ÉTABLIE EN 1861

A. V. BENOIT

146 et 148 FULTON STREET, N. Y. (près Broadway).

Importateur et Fabricant d'**Articles** pour **Dessin et Peinture** à l'usage des Artistes, Architectes, Arpenteurs, Collèges.
Couleurs, Pinceaux, Crayons, Instruments de Mathématiques, Articles pour Eaux-fortes. — Papiers à dessin. — Agence de couleurs françaises. "Bourgeois" pour Gouache, Aquarelle, Peinture sur soie et Couleurs pour Lithographes, Photographes et Dessinateurs. Seul agent pour les produits et reproductions lithographiques de la maison J. et A. Lemercier, de Paris. Fac-simile d'Aquarelles, Portraits, Paysages, Fleurs, Oiseaux, etc. Modèles de dessins en tous genres. Collection complète d'études de fleurs. Couleurs indélébiles et tous articles nécessaires à la peinture sur tapisserie.
Catalogue illustré de 300 pages expédié au reçu de soixante cents.
*** GALERIE contenant des collections variées de Peintures en tous genres, Eaux-fortes, Gravures, Photogravures.

H. A. VIEU

Avocat et Notaire

317 BROADWAY

Résidence :
207 Est 10e Rue (2e porte est de la 2e Ave.).

TABLEAU COMPARATIF DES THERMOMÈTRES FAHRENHEIT, CENTIGRADE ET RÉAUMUR.

Degrés Fahrenh.	Degrés Centig.	Degrés Réaumur	Degrés Fahrenh.	Degrés Centig.	Degrés Réaumur	Degrés Fahrenh.	Degrés Centig.	Degrés Réaum.
213	100	80	122	50	40	32	Zéro	Zéro
210.2	99	79.2	120.2	49	39.2	30.2	1	0.8
208.4	98	78.0	118.4	48	38.4	28.4	2	1.6
206.6	97	77.6	116.6	47	37.6	26.6	3	2.4
204.8	96	76.8	114.8	•46	36.8	24.8	4	3.2
203	95	76	113	45	36	23	5	4
201.2	94	75.2	111.2	44	35.2	21.2	6	4.8
199.4	93	74.4	109.4	43	34.4	19.4	7	5.6
197.6	92	73.6	107.6	42	33.6	17.6	8	6.4
195.8	91	72.8	105.8	41	32.8	15.8	9	7.2
194	90	72	104	40	32	14	10	8
192.2	89	71.2	102.2	39	31.2	12.2	11	8.8
190.4	88	70.4	100.4	38	30.4	10.4	12	9.6
188.6	87	69.6	98.6	37	29.6	8.6	13	10.4
186.8	86	68.8	96.8	36	28.8	6.8	14	11.2
185	85	68	95	35	28	5	15	12
183.2	84	67.2	93.2	34	27.2	3.2	16	12.8
181.4	83	66.4	91.4	33	26.4	1.4	17	13.6
179.6	82	65.6	89.6	32	25.6	—	18	14.4
177.8	81	64.8	87.8	31	24.8	2.2	19	15.2
176	80	64	86	30	24	4	20	16
174.2	79	63.2	84.2	29	23.2	5.8	21	16.8
172.4	78	62.4	82.4	28	22.4	7.6	22	17.6
170.6	77	61.6	80.6	27	21.6	9.4	23	18.4
168.8	76	60.8	78.8	26	20.8	11.2	24	19.2
167	75	60	77	25	20	13	25	20
165.2	74	59.2	75.2	24	19.2	14.8	26	20.8
163.4	73	58.4	73.4	23	18.4	16.6	27	21.6
161.6	72	57.6	71.6	22	17.6	18.4	28	22.4
159.8	71	56.8	69.8	21	16.8	20.2	29	23.2
158	70	56	68	20	16	22	30	24
156.2	69	55.2	66.2	19	15.2	23.8	31	24.8
154.4	68	54.4	64.4	18	14.4	25.6	32	25.6
152.6	67	53.6	62.6	17	13.6	27.4	33	26.4
150.8	66	52.8	60.8	16	12.8	29.2	34	27.2
149	65	52	59	15	12	31	35	28
147.2	64	51.2	57.2	14	11.2	32.8	36	28.8
145.4	63	50.4	55.4	13	10.4	34.6	37	29.6
143.6	62	49.6	53.6	12	9.6	36.4	38	30.4
141.8	61	48.8	51.8	11	8.8	38.2	39	31.2
140	60	48	50	10	8	40	40	32
138.2	59	47.2	48.2	9	7.2	41.8	41	32.8
136.4	58	46.4	46.4	8	6.4	43.6	42	33.6
134.6	57	45.6	44.6	7	5.6	45.4	43	34.4
132.8	56	44.8	42.8	6	4.8	47.2	44	35.2
131	55	44	41	5	4	49	45	36
129.2	54	43.2	39.2	4	3.2	50.8	46	36.8
127.4	53	42.4	37.4	3	2.4	52.6	47	37.6
125.6	52	41.6	35.6	2	1.6	54.4	48	38.4
123.8	51	40.8	33.8	1	0.8	56.2	49	39.2

CHAMPAGNES
CHARLES HEIDSIECK, Reims
EXTRA DRY

Vins de Bordeaux de la Maison

A. LALANDE & CO.
BORDEAUX

Seuls Agents aux États-Unis :

EMILE SCHULTZE & CO.
36 Beaver Street — — — — New York

E. H. DE VOISE
CHIROPODISTE

Anciennement des Bains de Hoffman House

OFFICE : No. 390 6me AVENUE

Près la 24me Rue — **NEW YORK**

☞ En écrivant la veille, les clients peuvent être traités à domicile.

ÉTATS-UNIS DE L'AMÉRIQUE DU NORD.

Les États-Unis, auxquels il faut joindre le territoire d'Alaska, ancienne Amérique Russe, située à l'extrémité nord-ouest de l'Amérique du Nord, occupent un immense territoire de 3,580,242 milles carrés, ou 9,272,448 kilomètres carrés, qui s'étend de 24°20' à 49° de latitude nord et de 66°56'48" à 124°30' de longitude ouest. Ils sont bornés au nord par la Confédération du Canada, en anglais *Dominion of Canada*, qui comprend toute l'Amérique Anglaise, à l'ouest par l'Océan Pacifique, au sud par le Mexique et le golfe du Mexique, et à l'est par l'Océan Atlantique.

Les États-Unis sont aujourd'hui l'État du monde civilisé qui a la plus grande population après la Russie. Dans vingt ans, suivant la progression actuelle des divers États, la grande République américaine sera au premier rang; elle comptera plus de 120 millions d'habitants.

La population s'élevait au 30 Juin 1880, date du dernier recensement, à 50,152,866; l'augmentation annuelle de la population est de plus de 1,500,000 âmes. Le chiffre donné ci-dessus ne comprend pas les tribus indiennes; on les évalue à environ 350,000 individus.

D'après les relevés fournis par les gouverneurs de différents États et Territoires, la population s'élevait au 1er Juin 1888 à 62,914,972 habitants.

A l'heure présente, la Russie a 105 millions d'habitants; l'Allemagne, 47; la France, 38; l'Autriche-Hongrie, 38; la Grande-Bretagne, 37; l'Italie, 30; l'Espagne, 17.

Au prochain recensement décennal, en Juillet 1890, les États-Unis auront 67 millions d'habitants; en 1900, 95; et à la troisième décade, en 1910, 124 millions. A cette dernière date, la Russie aura atteint 120 millions; mais elle sera devancée par les États-Unis.

L'accroissement des États-Unis depuis un siècle est sans égal et n'a pas de précédent dans l'histoire des peuples.

Au premier recensement, en 1790, ce pays comptait seulement 3,920,214 habitants; dans les décades suivantes: 6 millions, 7, 9, 13, 17, 23, 31, 38 (en 1870) et 50,155,783 en 1880.

La progression a été en moyenne de plus de 30 pour cent par décade.

Comme territoire, la Russie, avec ses 8,138,541 milles carrés, le mille égale 1,600 mètres, a la plus vaste étendue; elle compte seulement 10 habitants par mille carré; viennent ensuite les États-Unis avec 3,602,990 milles carrés et 14 habitants par mille carré.

Quels immenses territoires à exploiter! surtout si l'on considère que l'Angleterre compte 289 habitants par mille carré, l'Allemagne 216 et la France 180.

CHARLES VAN GHELE

PROFESSEUR DE MUSIQUE

Leçons de Violon

ET DE SOLFÈGE

Directeur de Sociétés Chorales et Philharmoniques

77 NASSAU STREET, NEW YORK

HOTEL DES TRANSATLANTIQUES

PENSION  CHAMBRES

PRIX MODERES

Les Voyageurs trouveront à l'Hôtel les renseignements nécessaires.

On parle Français, Anglais, Allemand et Italien

E. EISLER, PROP.

167 & 169 CHRISTOPHER STREET

PRÈS DU QUAI FRANÇAIS

NEW YORK

Les États-Unis comprennent un district fédéral, le district de Colombie, trente-huit États et dix Territoires.

Voici la liste des États avec la date d'admission de chacun d'eux dans l'Union.

États de la Nouvelle-Angleterre : Connecticut, 1788 ; Maine, 1820 ; Massachusetts, 1788 ; New-Hampshire, 1788 ; Rhode-Island, 1790 ; Vermont, 1791.

États du milieu : Delaware, 1787 ; Maryland, 1788 ; New-Jersey, 1787 ; New-York, 1788 ; Pennsylvanie, 1787 ; Virginie-Occidentale, 1863.

États du sud-est : Caroline du Nord, 1789 ; Caroline du Sud, 1789 ; Floride, 1845 ; Géorgie, 1788 ; Virginie, 1788.

États du sud : Alabama, 1820 ; Arkansas, 1836 ; Kentucky, 1792 ; Louisiane, 1812 ; Mississipi, 1817 ; Tennessee, 1796.

États du centre : Colorado, 1876 ; Illinois, 1818 ; Indiana, 1816 ; Iowa, 1846 ; Kansas, 186. ; Michigan, 1837 ; Minnesota, 1858 ; Missouri, 1821 ; Nebraska, 1867 ; Ohio, 1802 ; Wisconsin, 1848.

États de l'Océan Pacifique : Californie, 1850 ; Nevada, 1864 ; Orégon, 1859.

Territoires : Alaska ; Arizona ; Dacota ; Idaho ; Indien ; Montana ; Nouveau-Mexique ; Utah ; Washington ; Wyoming.

A chacun de ces États ou Territoires correspond une abréviation officielle qu'il suffit de mettre sur la suscription d'une lettre au lieu du nom tout entier pour en assurer l'exacte transmission. Ainsi au lieu de mettre Nouvelle-Orléans, Louisiane, il suffit de mettre Nouvelle-Orleans, La. ; au lieu d'Augusta, Maine, Augusta, Me. On trouvera ces abréviations à la notice particulière à chaque État.

Les mesures du pays sont les mesures anglaises, livre Troy, livre avoirdupois, tonne, bushels, mille, etc.

L'unité monétaire est le dollar qui vaut environ 5 francs 15 centimes.

Le thermomètre en usage aux États-Unis est le thermomètre Fahrenheit dans lequel 32 degrés au-dessus de zéro correspondent à zéro centigrade et dont le degré est égal aux cinq neuvièmes d'un degré centigrade. [Voyez plus loin un tableau comparatif.]

Sur un territoire aussi vaste que celui des États-Unis le climat varie considérablement. En général on peut dire néanmoins que l'écart entre la température de l'hiver et celle de l'été est beaucoup plus considérable qu'en France. Dans le nord, près de la frontière des possessions anglaises, l'hiver est très rigoureux, la neige est assez abondante pour exiger l'emploi des traineaux et la glace sur les rivières assez forte pour permettre le passage de chevaux avec chariots, etc. Bien que sous une latitude déjà assez méridionale, la Pennsylvanie et le New-Jersey voient le thermomètre descendre jusqu'au-dessous de zéro en hiver s'il s'élève jusqu'à cent degrés en été. La neige ne tombe que rarement au sud du trentième parallèle, c'est-à-dire

HOTEL ET RESTAURANT

A. VIANO

41-43 E. 18me RUE, près Broadway

NEW YORK

Chambres Meublées pour Messieurs et Familles.

JARDIN D'ÉTÉ   Dîner, 50 Cents
VINS COMPRIS

Vins, Liqueurs, Bière, Cigares, etc.

SPÉCIALITÉ D'ARTICLES POUR PEINTRES ET BLANCHISSEUSES.

Couleurs, Vernis, Huiles, Savon, Acide, Amidon, Bleu Français, Eau de Javelle, etc.

GROS ET DÉTAIL

P. LAUER

165 PRINCE STREET   NEW YORK

Au Coin de Thompson Street

au sud du Potomac, le fleuve qui passe à Washington. La température moyenne est de 49° à Albany, 51° à New-York et à Cincinnati, 54° à Philadelphie, 48° à Denver, 55° à San-Francisco et 69° à la Nouvelle-Orléans. Sur la côte du Pacifique la température est moins variable que sur celle de l'Atlantique.

L'on trouve aux États-Unis pour ainsi dire toutes les productions agricoles; les plus importantes sont le blé, le maïs, le coton, le sucre, le riz et le tabac. Les richesses minérales sont immenses; houillières, mines de fer, de cuivre, d'or, d'argent, de plomb argentifère, de mercure, etc.

Depuis une quinzaine d'années, sous un régime étroitement protectionniste, l'industrie a fait des progrès énormes, surtout dans les Etats de la Nouvelle-Angleterre, dans la Pennsylvanie et le New Jersey. Il commence aussi à s'établir un certain nombre de fabriques dans l'Ouest et le Sud, notamment dans l'Ohio, l'Illinois et la Virginie. Les principales industries sont la fabrication des outils et machines, l'horlogerie, les pianos, les cotonnades, les draps et soieries, les salaisons et les viandes en conserves.

Etats et Territoires.

LES VILLES DES ÉTATS-UNIS OÙ RÉSIDENT DES CONSULS FRANÇAIS, OU DES AGENTS CONSULAIRES, SONT MARQUÉES D'UN ASTÉRISQUE.

DISTRICT DE COLOMBIE. — Population : 177,624 habitants, dont 44,304 nègres et 16,258 étrangers. Superficie : 64 milles carrés.

*WASHINGTON, capitale de la Confédération américaine, située sur le Potomac à la jonction de l'Anacosta, 148,000 habitants. Hôtel du Président (Maison Blanche) et siège du Congrès au Capitole. Ministre plénipotentiaire de la République française, M. Roustan; Secrétaire de 1re classe, M. le comte Sala; Secrétaire de 3e classe, M. Salanson; Attaché militaire, M. Lottin, commandant d'artillerie; Chancelier, M. J. Bœufvé.

Ville principale, Georgetown, comté de Washington et faubourg de cette ville, 13,000 habitants.

1. ALABAMA, Etat de l'. — Colonisé par les Anglais en 1713, admis dans l'Union en 1820. Population : 1,500,000 habitants. Superficie : 50,722 milles carrés.

Capitale, Montgomery, comté de Montgomery, 16,714 habitants, petite ville sur la rivière de l'Alabama. Dépôt considérable de cotons, d'où ils sont transportés à Mobile par la rivière ou par le Great Northern Railroad. Université de l'Etat. Siège de la justice du comté de Montgomery.

Ville principale : *Mobile, comté de Mobile, ville et port de mer, sur la rive droite de la Mobile, 40,000 habitants; à 280

POISSONS DE MER ET D'EAU DOUCE

John Elsey
COMMISSIONNAIRE
ET
EXPÉDITIONNAIRE

Pier 24
NORTH RIVER

Spécialité d'Alose et de Maquereau.

4, 5, 7, 8, 9, 10 West Washington Market

NEW YORK

JOHN ELSEY

N. CHAPUIS

IMPORTATEUR

Vins en gros et demi-gros. — Bourgogne et Bordeaux. — Crème de Cassis de Dijon.

MÉDAILLE À L'EXPOSITION DU HAVRE, 1887

Vins vieux de Californie des meilleurs crus. — Mise en bouteilles. — Installation de Caves.

5 South William Street
NEW YORK

Références des Premières Maisons d'Importation

kilom. est de la Nouvelle-Orléans. Evêché, école de médecine. Exporte 350,000 balles de coton ; bois de construction, térébenthines, résines et en communication journalière par chemin de fer avec la Nouvelle-Orléans et Montgomery ; agent consulaire.

2. ARKANSAS, Etat de. — Colonisé par des émigrants de la Louisiane, admis dans l'Union en 1836. Population : 1,200,000 habitants. Superficie : 52,198 milles carrés.
Capitale, Little Rock, comté de Pulaski, 15 000 habitants.

3. CALIFORNIE, Etat de la. — Colonisé par les Espagnols en 1769. Par un traité de paix avec le Mexique, ratifié le 16 mars 1846, ce Territoire fut cédé aux Etats-Unis. Population : 1,100,000 habitants, dont ¼ Indiens. Superficie : 188,981 milles carrés.
Capitale, Sacramento, sur la rivière du même nom et à 45 lieues N.-O. de San Francisco, centre de trois lignes de chemins de fer. Population : 25,000 habitants. Résidence du gouverneur. Importantes manufactures. L'Assemblée législative et le Sénat y tiennent leurs séances tous les deux ans, au palais du Capitole.
Villes principales: * Los Angeles, sur la rivière du même nom et reliée au chemin de fer Central Pacific, 30,000 habitants. Centre de productions agricoles. Mines de cuivre. Le climat le plus salubre des Etats-Unis. Agent consulaire. — Oakland, comté d'Alameda, près San Francisco et sur le chemin de fer Central Pacific, 36,000 d'habitants. — * SAN FRANCISCO, grand port, le plus important de l'Océan Pacifique et tête de trois lignes de chemins de fer : Central Pacific, Southern Pacific et California Pacific, 234,150 habitants, dont 20,000 Chinois. Services réguliers de bateaux à vapeur pour l'Australie, la Chine et le Japon, le Mexique, les ports californiens, l'Orégon, Vancouver Island. M. Carey, consul de France ; M. Pesoli, chancelier. — * San José, chef-lieu du comté de Santa Clara, jolie ville située au milieu d'une grande vallée entre les rivières Guadeloupe et Goyote, desservie par le chemin de fer Central Pacific, 18,000 habitants. Sol extrêmement fertile. Agent consulaire. — Stockton, grand port fluvial sur les chemins de fer Central Pacific, Stockton et Copperopolis, à 117 milles de San-Francisco, 10,287 habitants.

4. CAROLINE DU NORD, Etat de la. — Colonisé par les Anglais en 1650, admis dans l'Union en 1789. Population : 1,900,000 habitants. Superficie : 50,704 milles carrés.
Capitale, Raleigh, comté de Wake, siège du gouverneur, sur la Neuse, petite ville de 14,110 habitants.
Ville principale, * Wilmington, comté de New Hanover, 19,000 habitants. Agent consulaire.

5. CAROLINE DU SUD, Etat de la. — Colonisé en 1689 par les Anglais, admis dans l'Union en 1789, 1,050,000 habitants.

GUS HERRENSCHMIDT

IMPORTATEUR DE

VINS, LIQUEURS ET CIGARES

763 SIXTH AVENUE

Entre les 43e et 44e Rues.   NEW YORK

BILLARD ET POOL TABLES

J. B. BARADEL

Opticien Français

Grand Assortiment de Lunettes et Pince-Nez  Jumelles, Longues-Vues et Microscopes.

288½ THIRD AVE.

Bet. 22nd et 23rd Sts.   NEW YORK

Spécialité de Lunettes prescrites par Oculistes

Capitale, * Charleston, comté de Charleston, au confluent des rivières Asthley et Cooper, 65,000 habitants. Métropole de la Caroline du Sud. Vice-consulat.

Ville principale, Columbia, comté de Richland, chef-lieu à 160 kil. de Charleston, sur la rive gauche du Congarée. Population : 12,000 habitants. Siège du gouverneur.

6. COLORADO, Etat du. — Population : 320,000 habitants. Superficie : 104,000 milles carrés, admis dans l'Union en 1876.

Capitale, Denver, 72,000 habitants.

Ville principale, Leadville, 11,500 habitants.

7. CONNECTICUT, Etat du. - Colonisé en 1653 par les Anglais de Massachusetts, admis dans l'Union en 1788. Population : 680,500 habitants. Superficie : 4,750 milles carrés.

Capitales alternativement : Hartford et New Haven. — Hartford, 47,500 habitants, sur la rive droite du Connecticut ; New Haven, ville la plus commerçante de l'Etat, 70,000 habitants.

Villes principales : Ansonia, 14,000 habitants. — Meriden, 21,000 habitants. — Norwich, 24,500 habitants. — Waterbury, fabriques de montres, 23,200 habitants.

8. DELAWARE, Etat de. — Colonisé en 1627 par les Suédois et admis dans l'Union en 1787, 149,750 habitants.

Capitale, Dover. Superficie : 2,120 milles carrés.

Métropole, Wilmington, ville maritime et manufacturière, à 28 milles de Philadelphie, 48,250 habitants.

9. FLORIDE, Etat de la. — Colonisé par les Espagnols, admis dans l'Union en 1845. Population : 375,000 habitants. Superficie : 58,268 milles carrés. Pays neuf, vignes indigènes, vins, fruits.

Capitale, Tallahassee.

Villes principales : Jacksonville, 10,000 habitants. — Fernandina, 4,500 habitants. — Sainte-Augustine, 5,000 habitants.

10. GEORGIE, Etat de. — Colonisé en 1733 par les Anglais, admis dans l'Union en 1788. — Population : 2,050,000 habitants. Superficie : 58,000 milles carrés. Exclusivement agricole, et, après la Louisiane, le plus riche pour la production. Douze chemins de fer. Vingt bateaux à vapeur correspondant constamment avec les divers ports des Etats de l'Union.

Capitale, Atlanta, comté de Fulton, 60,250 habitants.

Villes principales : Augusta, comté de Richmond, sur la Savannah, importante par son commerce, 24,800 habitants. C'est l'entrepôt de l'immense quantité de beau coton recueilli dans la Haute-Géorgie. — Colombus, chef-lieu du comté de Muscogee, manufactures de coton, 10,000 habitants. — Macon, comté de Bibb, 14,200 habitants. La quatrième ville de la Géorgie comme importance de population. Manufactures de coton. Forges et fonderies. Ateliers de construction. — * Savannah, comté de

SALLE D'ARMES

LOUIS RONDELLE

Le seul Maître d'Armes à New York Breveté de l'Ecole Normale Militaire de Joinville-le-Pont (France). Ex-Maître d'Armes au 1er Chasseurs. Professeur du Manhattan Athletic Club et du Knickerbocker Fencing Club.

Salle d'Armes: 106 W. 42d STREET

LEÇONS À TOUTE HEURE

AMERICA HERALDICA
A FULLY ILLUSTRATED COMPILATION OF
COATS OF ARMS, CRESTS AND MOTTOES
OF
Prominent American Families settled in this Country before 1800

Edited by E. de V. Vermont.

Under this title, Mr. E. de V. Vermont—now the acknowledged American authority in such matters—is publishing in *seven parts* (or *two* large Imperial quarto *volumes*) a highly artistical compilation of the *Coats of Arms, Crests* and *Mottoes* brought over from Europe by prominent American families, having emigrated to this country between 1600 and 1800 A. D.

New York Herald: This extraordinary work offers a kind of safeguard against the unwarrantable use of crests or coats of arms by persons who have no conceivable right to them.

New York Times: There is no humbug about this work. Mr. de Vermont continually cites well-known and esteemed authorities.

New York World: A sumptuous publication. Mr. de Vermont deserves every credit for the energy and thoroughness with which he has entered upon his work.

Brooklyn (N. Y.) Eagle: Nothing better in the way of printer's art has been issued from the American press.

Richmond (Va.) Whig: It justifies the claim that is is an honest effort to preserve the record of legitimate armorial distinctions that belong, by right of descent and inheritance, to American families.

Boston Journal: AMERICA HERALDICA represents the first comprehensive and disinterested attempt which has been made to collect and reproduce the coats of arms, crests and mottoes of American families. It is a work of unique interest, prepared with great elegance.

Sole Publishers: THE "AMERICA HERALDICA" PUBLISHING ASS'N
744 Broadway, New York

Chatham, sur la rivière de Savannah, à 24 kil. de son embouchure, à 1,040 kil. S.-S.-O. de Washington, 22,000 habitants. Port très commèrçant. L'un des marchés de coton les plus importants des Etats-Unis. Agent consulaire.

11. ILLINOIS, Etat d'. — Colonisé par les Français vers 1672, admis dans l'Union en 1818. Population : 3,445,000 habitants. Superficie : 55,410 milles carrés. Produits agricoles : maïs, seigle, froment, avoine, orge ; élève de bestiaux.

Capitale, Springfield, 22,000 habitants.

Villes principales : Aurora, comté de Kand, 15,200 habitants. — Bloomington, comté de MacLean, 24,000 habitants.— *CHICAGO, comté de Cook, métropole commerciale et maritime du nord-ouest des Etats-Unis, 575,800 habitants. Commerce considérable de grains et farine, de viandes salées et fumées, de peaux et fourrures brutes, de whiskey. Consulat : M. Ed. Bruwaert, consul général, chargé du Consulat. Vice-chancelier, M. X. — Decatur, chef-lieu du comté de Morgan, 11,500 habitants. — Freeport, comté de Stephenson, 13,750 habitants. — Galesburg, comté de Knox, 12,250 habitants. — Jacksonville, comté de Morgan, 11,800 habitants. — Joliet, 18,000. — Peoria, sur la rivière Illinois, 32,000 habitants. — Quincy, comté d'Adams, 28,500 habitants. — Rockford, comté de Winnebago, 14,000 habitants. — Rock Island, 12,000 habitants.

12. INDIANA, Etat d'. — Colonisé par les Français en 1730, admis dans l'Union, en 1816. Population : 2,500,000 habitants. Superficie : 33,809 milles carrés.

Capitale, Indianapolis, dans le comté Marion. 75,074 habitants. State Library.

Villes principales : Evansville, comté de Venderburg, 30,000 habitants. — Fort Wayne, 26,000 habitants. — Lafayette, 15,000 habitants. — Logansport; 14,800 habitants. — Madison, 10,000 habitants. New Albany, comté de Floyd, 17,000 habitants.

13. IOWA, Etat d'. — Colonisé par les Français en 1747, admis dans l'Union en 1846. Population : 1,824,850 habitants. Superficie : 55,045 milles carrés.

Capitale, Des Moines, comté de Polk, 33,000 habitants, siège du gouvernement et de la Cour Suprême.

Villes principales : Burlington, comté des Moines, 20,000 habitants. — Cedar Rapids, 15,000 habitants. — Council Bluffs, 21,000. — Davenport, comté de Scott, 22,000 habitants. — Dubuque, sur la rive droite du Mississipi, 32,000 habitants. — Keokuk, comté de Lee, 12,500 habitants.

14. KANSAS, Etat du. — Colonisé par des Canadiens Français, venus du nord, et qui se sont croisés avec des Indiens. Erigé en gouvernement territorial le 30 mai 1854 et admis dans l'Union le 29 janvier 1861. Cet Etat est borné au nord par celui du Nebraska, à l'est par celui du Missouri, au sud par le Terri-

FOSSIER

Boucherie Française

 VIANDE DE CHOIX

33 WEST THIRD ST.

NEW YORK

R. H. H. STEEL

BLANCHISSERIE

A VAPEUR

38 á 50 OAKLAND AVENUE

Coin Laidlaw Avenue   JERSEY CITY HEIGHTS

toire indien, et à l'ouest par l'Etat du Colorado. Superficie : 81,318 milles carrés. Population : 1,200,000 habitants.

Capitale, Topeka, sur la rive droite du Kansas, desservie par 3 chemins de fer, 25,000 habitants.

Villes principales : Atchison, chef-lieu du comté du même nom, 16,000 habitants. — Leavenworth, grande et belle ville sur la rive droite du Missouri, 27,500 habitants. — Wyandotte, sur la rive gauche du Missouri, 6,500 habitants.

15. KENTUCKY, Etat du. — Colonisé en 1775 par des émigrants de la Virginie, admis dans l'Union en 1792. Population : 1,750,000 habitants. Superficie : 87,680 milles carrés.

Capitale, Frankfort, 8,000 habitants.

Villes principales : * LOUISVILLE, sur la rive gauche de l'Ohio, ville la plus commerçante de l'Etat. Grandes fabriques de savons et chandelles. Importante raffinerie de sucre. Grande distillerie de whiskey. 170,000 habitants. Un beau canal joint cette ville à Portland. Agent consulaire. — Covington, comté de Kent, jolie ville ; commerce de céréales, 40,000 habitants. — Lexington, chef-lieu du comté de Fayette, 25,000 habitants. — Newport, ville commerçante, 27,000 habitants.

16. LOUISIANE, Etat de la. — Colonisé en 1699 par les Français, cédé en 1805 par la France, admis dans l'Union en 1812. Population : 1,050,000 habitants. Superficie : 41,346 milles carrés. Principales productions : sucre, coton, riz, maïs, tabac, crin végétal et résine.

Capitale, * Bâton-Rouge, 9,000 habitants. Agent consulaire.

Métropole, * NOUVELLE-ORLEANS, comté d'Orléans, située sur la rive gauche du Mississipi, 248,000 habitants. Séjour du gouverneur et siège de la législature. Grand entrepôt des productions des Etats de l'Ouest. Commerce très étendu avec l'Angleterre, la France, les Etats du Nord, l'Allemagne, le Mexique, etc. Langues dominantes : anglais et français. Consul, M. Paul Desjardins ; vice-chancelier, M. X.

Ville principale, Shreveport, comté de Caddo, 12,000 habitants.

17. MAINE, Etat du. — Colonisé par les Anglais en 1630, admis dans l'Union en 1820. Population : 664,300 habitants. Superficie : 35,000 milles carrés. Commerce considérable de bois de construction ; cet Etat approvisionne les îles des Antilles. Fabrique de draps, casimirs ; manufacture de sucre d'érable sous la protection de l'Etat.

Capitale, Augusta, 9,000 habitants.

Villes principales : Bangor, comté de Pennobscot, 17,500 habitants. — Portland, comté de Cumberland, un des meilleurs ports de l'Amérique. Bon commerce, nombreuse marine marchande, 35,600 habitants. — Lewiston, comté d'Androscoggin, 19,083 habitants.

18. MARYLAND, Etat de. — Colonisé en 1602 par les An-

MAISON FONDÉE EN 1847

Hotel Wahrenberger

EDWARD PFLUGI, Propriétaire

MAISON SUISSE

130 GREENWICH STREET

Près du Castle Garden   **NEW YORK**

La bonne renommée si généralement reconnue et si justement méritée de mon hôtel sera toujours maintenue par moi, et je garantis à mes clients un service honnête, une bonne cuisine et la plus grande propreté.

Billets de Chemin de Fer. — Change de Monnaies. — On Parle Français et Italien.

Les voyageurs sont priés dans leur propre intérêt de ne pas perdre ma carte ni de permettre qu'elle soit échangée. N'acceptez point d'autres cartes de vos compagnons de voyage. De plus les passagers sont sérieusement prévenus contre les courriers d'hôtel, qui les importunent et essayent de les emmener dans leurs maisons sous de faux prétextes et promesses mensongères.

Tous les passagers qui auront ma carte bien en vue, soit à leurs chapeaux, soit à leurs vêtements, seront reçus à leur arrivée au Castle Garden par un des employés de mon hôtel, qui se chargera de leur comfort et de leur sûreté.

On est prié de m'avertir par lettre, quand et par quel bateau l'on part.

glais, admis dans l'Union en 1788. Population : 1,100,000 habitants. Superficie : 11,124 milles carrés.

Capitale, Annapolis, 7,000 habitants.

Métropole, * BALTIMORE, comté de Baltimore, près l'embouchure de la rivière de Patapsco, à 8 kilomètres environ de la baie de Chesapeake, 40 milles nord-est de Washington, 183 de New York et 87 de Philadelphie ; port de mer commode et sûr où peuvent s'abriter en tout temps les bâtiments du plus grand tonnage, et l'une des places les plus commerçantes ; 395,000 habitants. Immense marché de farines. Entrepôt et grand commerce de tabacs de Maryland et d'Ohio. Relations très étendues et très actives avec l'Angleterre, la France, l'empire d'Allemagne, la Hollande, l'Amérique centrale, Haïti et toutes les Antilles, l'Amérique du Sud et l'Australie. Service hebdomadaire de steamers avec Brême et Hambourg, Liverpool et Londres, etc. Jonction des grandes lignes de chemins de fer qui relient le sud et l'ouest au nord des Etats-Unis et au Canada. Agent consulaire.

Ville principale, Cumberland; comté d'Alleghany, 12,000 habitants.

19. MASSACHUSETTS, Etat de. — Colonisé par les Anglais en 1620, admis dans l'Union en février 1788. Population, 1,952,000 habitants. Superficie, 7,800 milles carrés.

Capitale, * BOSTON, comté de Suffolk, 390,500 habitants. Port vaste et sûr, d'un accès facile. Premier arsenal de la marine des Etats-Unis, où sont construits et réparés ses vaisseaux. Troisième ville de l'Union pour la valeur des importations de l'étranger et la première par ses relations avec les fabriques américaines. Grand marché pour les salaisons (viandes et poissons). Commerce direct avec toutes les parties du monde. Dépôt naval de l'Union, chantiers de construction et bassin de carénage pour les vaisseaux de guerre ; Cour d'amirauté, siège de la législature de l'Etat. Vice-consulat.

Villes principales : Cambridge, comté de Middlesex, faubourg de Boston, joint par un pont sur la rivière Charles, 55,000 habitants. — Chelsea, faubourg de Boston, dont il est séparé par le port, 23,000 habitants. — Fall River, comté de Bristol, 54,000 habitants. — Gloucester, comté d'Essex; 22,000 habitants. — Lawrence, comté d'Essex, 43,000 habitants. — Lowell, comté de Middlesex, 65,000 habitants. — Lynn, comté d'Essex, 52,000 habitants. — Salem, comté d'Essex, 29,200 habitants. — Sprinfield, comté de Hampden, 35,650 habitants. — Waltham, grande fabrique de montres, 13,000 habitants. — Worcester, comté du même nom, 62,525 habitants.

20. MICHIGAN, Etat de. — Colonisé en 1670 par les Français, admis dans l'Union en 1837. Population : 1,975,650 habitants. Superficie : 56,451 milles carrés.

Capital, Lansing, 11,000 habitants.

Honneur aux Armes!

Ma nouvelle salle d'armes, située dans le Broadway Théâtre, **1441 Broadway**, ayant été entièrement reconstruite et embellie sous tous les rapports, les amateurs d'escrime y trouveront tout le comfortable : Bains, Douches, Eau Chaude et Froide ; Fumoir, Dressing Room, Elevator, etc. (Classes séparées pour Dames).

La Seule Salle d'Armes connue à New York depuis 14 ans.

Assortiment Complet d'Articles d'Escrime.

On demande des prévôts, se présenter à 8 h. du soir.

RÉGIS SÉNAC,
Champion d'Armes.

PHOTOGRAPHE

WOOD'S GALLERY, ÉTABLIE EN 1860

No. 401 CANAL STREET

AUGUSTE BERNARD, Successeur

Grandeur impériale, $2 par douzaine, avec une copie supplémentaire de huit pouces sur dix. Photographies agrandies et peintes à prix modérés. M. Bernard invite ses amis et connaissances à venir le visiter. Les ordres sont remplis dans le plus bref délai et de grands soins sont apportés à leur exécution.

No. 401 CANAL STREET, NEW YORK

[Entre Thompson et Sullivan Sts.]

Métropole, DETROIT, 154,000 habitants. Le fort Shelby le défend. Arsenal. Entrepôt d'artillerie.

Villes principales : Bay City, 26,750 habitants. — East Saginaw, 21,000 habitants. — Grand Rapids, 43,500 habitants. — Jackson, 17,600 habitants. — Kalamazoo, 16,200 habitants. — Terre-Haute, 17,250 habitants.

21. MINNESOTA, Etat du. — Colonisé par les Français en 1680. Erigé en gouvernement territorial en 1840. Population : 998,724 habitants. Superficie : 83,531 milles carrés.

* SAINT PAUL, capitale de l'Etat de Minnesota, comté de Ramsey, sur la rive gauche du Mississipi, à 2,085 milles de son embouchure. Commerce de bois et de céréales, 115,000 habitants. Agent consulaire.

Villes principales : Duluth, comté de Saint Louis, 14,000 habitants. — MINNEAPOLIS, chef-lieu du comté d'Hennepin, ville fondée en 1855, située sur la rivière Mississipi, 130,000 habitants. — Stillwater, comté de Washington, 13,000 habitants.

22. MISSISSIPI, Etat de. — Colonisé en 1716 par les Français, admis dans l'Union en 1817. Population : 1,325,600 habitants. Superficie : 37,157 milles carrés.

Capitale, Jackson, 6,500 habitants.

Ville principale : Vickburg. comté de Warren. Marché important pour les cotons, 16,240 habitants.

23. MISSOURI, Etat de. — Le Missouri, colonisé par les Français en 1763, admis dans l'Union le 10 août 1821. Population, 2,785,825 habitants. Superficie, 65,350 milles carrés. Le Missouri possède les mines de fer les plus riches des Etats-Unis ; plomb, cuivre, fer, étain, zinc, cobalt, antimoine, houille, sel, marbres, blé, foin, maïs, fruits, tabac, vins, chanvres, pelleterie, bois, charbon de terre, etc.

Capitale Jefferson City, 6,000 habitants.

* Métropole, SAINT-LOUIS, 422,000 habitants, population étrangère, 59 p. 100; située au centre de la plus grande navigation intérieure de l'Amérique.

Villes principales : Kansas City, comté de Jackson, au confluent de la rivière Kansas et du fleuve Missouri, 98,428 habitants.—Saint-Joseph, comté de Buchanan, sur le chemin de fer de St.-Joseph et le fleuve Missouri, 42,876 habitants.

24.—NÉBRASKA, Etat de. — Territoire missourien ou du nord-ouest, admis à l'Union en 1867. Population : 560,900 habitants. Superficie : 75,995 milles carrés.

Capitale, Omaha, 64,000 babitants.

25. NEVADA, État du.—Admis dans l'Union en 1864. Population: 74,000 habitants. Superficie : 164,125 milles carrés. Situé vers les Montagnes Rocheuses, limité au nord par l'Orégon, à l'est par le territoire de l'Utah, à l'ouest par la Californie, dont elle dépendait, et au sud par la Basse-Californie et le territoire

GEORGE REISSER & CO.

Fruits · et · Légumes

61, 73, 75 & 76 Washington Market

NEW YORK

d'Arizona. Contrée très riche en mines d'or et d'argent, et par son importance minérale prenant place après la Californie; traversée par le chemin de fer Central-Pacific, qui a donné un développement considérable à son industrie et à son commerce.

Capitale, Carson City, 5,000 habitants.

Villes principales : Virgina City, chef-lieu du comté de Storey, à 16 milles N. de Carson City, située près du chemin de fer Central-Pacific. Capitale commerciale du Nevada. Ville bien bâtie, belles constructions ; affaires actives; 15,725 habitants.— Aurora, chef-lieu du comté d'Esmeralda, à 100 milles de Carson City, centre d'un excellent district minier et agricole ; 3,500 habitants. — Austin, 2,000 habitants. — Gold Hill, comté de Shosey, 6,000 habitants. — Silver-City, mines d'or et d'argent, 2,850 habitants.

26. NEW-HAMPSHIRE, État de. — Colonisé par les Anglais en 1623, admis dans l'Union en 1788. Population : 375,000 habitants. Superficie, 9,280 milles carrés.

Capitale, Concord, comté de Merrimac, 15,838 habitants.

Villes principales: Manchester, comté d'Hillsborough, 41,420 habitants.—Nashua, même comté, 14,956 habitants.

27. NEW-JERSEY, État du. — Colonisé en 1627 par les Suédois, conquis par les Hollandais en 1655, soumis aux Anglais en 1664, admis dans l'Union en 1787. Population : 1,375,000 habitants. Superficie : 8,320 milles carrés.

Capitale, Trenton, comté de Mercer ; 35,000 habitants. Grand entrepôt du commerce intérieur entre New-York et Philadelphie. Manufactures de coton, fers et poteries. Tanneries. Beau port.

Villes principales : Camden, ville manufacturière importante, 41,658 habitants, en face de Philadelphie, dont elle n'est séparée que par le Delaware.— Elisabeth, 33,000 habitants.— Hoboken, 38,000 habitants, sur la rivière de l'Hudson, en face de New-York ; grand centre industriel ; lieu d'arrivée des steamers de Brème et Hambourg pour New York. — JERSEY CITY, comté d'Hudson, ville de 150.722 habitants. — NEWARK, comté d'Essex, à 9 milles de New-York, sur le Passaic, remarquable par ses fabriques, 153,000 habitants.— New-Brunswick, 17,176 habitants. Centre industriel très important. — Paterson, ville de 65,000 habitants. Nombreuses manufactures de coton, soie, et ateliers pour la fabrication des machines. — Orange, grand commerce de lait, beurre et fromages, 10,000 habitants.

28. NEW-YORK, Etat de. — Colonisé par les Hollandais en 1618, admis dans l'Union en 1788. Population : 5,954,000 habitants. Superficie, 47,000 milles carrés.

Capitale Albany, comté d'Albany, sur une hauteur, rive droite de l'Hudson, à 50 lieues de New-York : 98,000 habitants.

Villes principales : Auburn, ville de 21,924 habitants, dans le comté Caipiga. Manufactures d'instruments agricoles.—Bing-

CALIFORNIA HOTEL

A la Cascade

JOS. COUSY, Propriétaire, Successeur de F. MAURIER

Vins, Liqueurs et Vinaigre

FRANÇAIS ET DE CALIFORNIE A PRIX MODÉRÉS

Chambres Garnies, Salon pour Soirées et Banquets.
Cuisiniers, Garçons, etc., fournis gratis.

---

130 West 26th Street

Entre les 6me et 7me Aves.   NEW YORK

hampton, 17,315 habit. — Brockport, comté de Monroe, 5,000 habitants: renommé pour ses manufactures de moissonneuses et lieuses. — BROOKLYN, comté de Kings, ville de 800,000 hab., reliée à New-York par un magnifique pont suspendu, commencé en 1870 et ouvert au public en 1883, chef-d'œuvre de construction et de hardiesse. Longueur du pont, 1,545 mètres; largeur 28 mètres 50. Hauteur au milieu de la rivière 48 mètres. — BUFFALO, comté d'Erié à l'extrémité centrale du lac Erié, sur le Niagara, port sûr et spacieux ; 200,000 habit. — Elmira, 20,541 habitants. — Flushing, comté de Queens, village près de New-York, 17,500 habitants. — Kingston, 18,342 habitants. —
* NEW-YORK, grande et belle ville située à l'embouchure de l'Hudson et un bras de mer appelé Long Island Sound ou rivière de l'Est, à 25 milles du promontoire de Sandy-Hook et environ 245 de Washington. Ville la plus commerçante des Etats-Unis et un des ports les plus sûrs du monde ; 1,400,000 habitants. [Voir *New-York*, table des matières.] — Oswego, 21,117 habit. Poughkeepsie, 20,207 habit. ROCHESTER, comté de Monroe, près du lac Ontario, renommé par ses moulins à farine, 109,000 habitants. — Syracuse, 55,000 habitants.

29. OHIO, Etat de l'. — D'abord exploré et possédé par les Français, puis envahi et colonisé par les Anglais en 1754 ; admis dans l'Union le 29 Novembre 1792. Population : 3,245,000 habitants. Produits agricoles principaux : bestiaux, céréales et tabac.

Capitale, Columbus, sur la rive gauche du Scioto, comté de Franklin, 60,000 habitants.

Villes principales : Akron, comté de Summit, 16,512 habit. — CINCINNATI, comté d'Hamilton, sur la rive droite de l'Ohio, qui sépare cet Etat de celui du Kentucky, 255,708 habit. — CLEVELAND, 240,000 habitants, chef-lieu du comté de Cuyahoga. — Troy, 61,300 habitants. — Springfield, 30,000 habitants. — Utica, 33,913 habitants. — Toledo, 50,143, habitants. — Zanesville, 18,120 habitants.

30. ORÉGON, Etat de l'. — Vaste contrée de l'Amérique du Nord, partie des Etats du Pacifique dans l'Union américaine; borné au nord par le territoire de Washington, à l'est par celui d'Idaho, au sud par la Californie et à l'ouest par le grand Océan; admis dans l'Union en 1859. Traversée par deux chaînes de hautes montagnes presque parallèles et de fertiles vallées arrosées du N. au S. et de l'E. à l'O. par le fleuve navigable la Colombia. Riches mines d'or, d'argent, de fer, de cuivre, de plomb et de charbon dans les parties montagneuses et culture des céréales dans les vallées. Exportation considérable et étendue de bois de construction et de planches. Population: 235,000 habitants. Superficie : 92,264 milles carrés.

Capitale, Salem.

Métropole, Portland, la plus grande cité de l'Orégon, sur le fleuve Columbia, au confluent de la rivière Willamette, et sur

HENRI JUNG & CO.

BOULANGERIE

FRANCO-AMÉRICAINE

No. 93 SOUTH 5th AVENUE

Entre Prince et Houston Sts.   NEW YORK

L. GINOCCHIO

IMPORTATEUR DE

Vins, Cognacs et Liqueurs

VINS DU RHIN, CIGARES

No. 3 SIXIÈME AVENUE

Près Bleecker Street   NEW YORK

le chemin de fer Orégon et Californie, à 50 milles N. de Salem, 34,000 habitants. Académie, collège, asile d'aliénés. Commerce très considérable avec l'intérieur du pays ; en relations suivies par le chemin de fer avec Salem, Albany, Oakland et autres places importantes du Sud. Exportations journalières pour San-Francisco et fréquentes avec New-York, les îles Sandwich, la Chine, Liverpool et l'Amérique du Sud. Pêcheries de saumons les plus importantes des Etats-Unis. Agent consulaire.

31. PENNSYLVANIE, Etat de. — Colonisé en 1638 par les Suédois et en 1682 par les Anglais, admis dans l'Union en 1787, 4,953,000 habitants. Fabrique de draps, satinettes, de tapis de laine. Culture de mûriers et élève de vers à soie. Exploitation d'anthracite dans plusieurs mines de l'Etat. Superficie : 46,000 milles carrés.

Capitale, Harrisburg, comté de Dauphin et siège du gouvernement, ville florissante de 38,200 habitants.

Villes principales : Allegheny, comté d'Allegheny, faubourg de Pittsburgh, siège du Pénitentiaire occidental, 76,681 habitants. — Allentown, comté de Lehigh, 18,063 habitants. — Erié, comté d'Erié, au bord du lac du même nom, 27,730 habitants. — Lancaster, comté de Lancaster, belle-ville de 25,769 habitants ; commerce assez considérable avec l'intérieur. — * PHILADELPHIE, chef-lieu du comté du même nom, ville principale de l'Etat de la Pennsylvanie, dont le siège du gouvernement est à Harrisburgh, située sur les rivières de la Delaware et Schuylkill, à 761 kilomètres de la mer et 209 kilomètres N.-E. de Washington, 975,000 habitants. Port vaste, sûr. Grand commerce avec l'Angleterre, la Chine, les Indes occidentales, la France, la Belgique et le Brésil. Services réguliers de steamers sur Liverpool et Anvers, et aux Etats-Unis avec Boston et Fall River, New-York, Charleston, S. C., Richmond, Norfolk, Washington, New-Orleans, la Havane, etc. — PITTSBURGH, comté d'Allegheny, autrefois Fort-Duquesne, situé au point où la Monongahela et la rivière de l'Allegheny forment l'Ohio. Abondantes mines de charbons, de fer, etc. 590 kilom. de Philadelphie. Bateaux à vapeur de 290 à 300 tonneaux, qui descendent à la Nouvelle-Orléans par l'Ohio et le Mississipi. Grande fabrique de clous, bouteilles, verrerie, etc. Fonderie de canons. Fabrique de machines à vapeur. Manufactures de laine et coton, 165,000 habitants. — Reading, comté de Berks, petite ville de 43,280 habitants. Grandes manufactures. — Scranton, comté de Luzerne, 45,800 habitants.

32. RHODE-ISLAND, Etat de. — Colonisé en 1631 par les Anglais, admis dans l'Union en 1790, 304,000 habitants. Superficie : 1,306 milles.

Deux capitales: PROVIDENCE, comté de Providence, sur la rivière navigable du même nom, 125,000 habitants. Manufactures de coton, de laine, papeterie. Hauts fourneaux et fonde-

BOUCHERIE FRANÇAISE

HENRY HARBURGER

326 8me Avenue, New York

[Entre 26me et 27me Rues]

Viandes de Premier Choix. — Spécialité de Volailles. — Prix Spéciaux pour Hotels et Restaurants.

MÊME MAISON : No. 311 9me AVENUE

Au coin de la 28me Rue

CALIFORNIA CELLAR

J. PACHETEAU

114 BLEECKER ST., NEW YORK

La dernière récolte des vins de Californie ayant dépassé toutes les autres, M. J. PACHETEAU veut en faire profiter sa clientèle et vend dès aujourd'hui son "Table Claret" 55 c. le gallon pris en cave, et 65 c. livré à domicile. — Vins garantis purs. — Zinfandel, Burgundy, 80 c. et $1 le gallon ; Eau-de-vie de marc, Brandies, Port, Sherry, etc. Prix spéciaux par douzaine et par barrique.

55 c.

LE GALLON

PRIS EN CAVE

ries, grands établissements de construction.—* Newport, 20,000 habitants. Agent consulaire.

33. TENNESSEE, État du. — Colonisé en 1765 par des émigrants de la Caroline du Nord et de la Virginie, admis dans l'Union en 1795. Population : 1,650,000 habitants. Superficie: 46,600 milles carrés.

Capitale, Nashville, comté de Davidson, sur la rive gauche du Cumberland; l'une des villes les plus importantes des Etats du Sud à cause de son mouvement considérable d'affaires. Grand commerce, 46,300 habitants. Des bateaux à vapeur font le trajet régulier de cette ville à la Nouvelle-Orléans.

Villes principales: Chattanooga, chef-lieu du comté d'Hamilton. Ville manufacturière très importante, 12,829 habitants. —*Memphis, comté de Shelby, 64,000 habitants. Immense marché de coton ; ville très industrielle. Agent consulaire.

34. TEXAS, Etat du. — Colonisé par les Espagnols en 1672, forma une partie de la république du Mexique jusqu'en 1836, et une république indépendente jusqu'en 1845, époque à laquelle il fut admis dans l'Union. Superficie : 274,356 milles carrés. Population : 1,935,000 habitants. Comtés: 151.

Ce pays s'étend depuis le Nouveau-Mexique et le Territoire Indien qui le bornent au nord, jusqu'au golfe du Mexique et au Rio Grande qui le bornent au sud. Sa longueur du nord-ouest au sud-est est de 800 milles, et sa plus grande largeur de l'est à l'ouest est de 750 milles environ. Climat généralement salubre ; terres très fertiles, arrosées par de belles rivières navigables. Tabac, blé, maïs, canne à sucre ; fruits en abondance, coton.

Capitale : Austin, 13,000 habitants.

Villes principales : * Galveston, comté de Galveston, sur l'île de ce nom et à l'embouchure de la baie de Galveston. Port excellent. Bateaux à vapeur de la ligne de Morgan, entre Galveston et la Nouvelle-Orléans, Houston, Indianola, New York, Brajos, Santiago, et autres ports; 25,000 habitants. Grand commerce de sucre et coton, laine, cuirs, bœufs, etc. ; agent conlaire.

San Antonio, comté de Béxar, à 150 milles de Lavaca, point intermédiaire du commerce entre l'ouest des Etats-Unis et le Haut-Mexique. Brasseries et fabriques de savon. 36,000 habitants.

35. VERMONT, État de. — Colonisé par les Anglais, en 1623, admis dans l'Union en 1791. Superficie : 10,212 milles carrés. Population : 335,000 habitants.

Capitale, Montpelier, dans le comté de Washington, capitale de l'État de Vermont, sur l'Ohio. Céréales. 4,000 habitants.

Villes principales: Bennington, très grande ville, chef-lieu du comté de ce nom, 8,000 habitants. — Burlington, Chittenden comté, une des plus jolies villes du monde, sur le rivage oriental du lac Champlain, desservie par des steamboats et des chemins de fer pour toutes les directions. 13,000 habitants. —

MAISON FONDÉE EN 1855

J. DE BEAUVAIS

✸INGENIEUR-CONSTRUCTEUR✸

Machines, Appareils, Outillages, Transmissions, Modèles, Réparations.
Spécialité de Machines pour la Fabrication des Pâtes Alimentaires
et celle de Chocolat.

DESSINS MECANIQUES

2 & 4 Howard Street, New York

(Coin de Centre Street)

DUBREUIL

13 East 16th Street   New York

(Près de Union Square)

CHAUSSURES FINES

et Spécialité de

CHAUSSURES SUR MESURE

F. BRUNNER

121 OUEST 26me RUE   NEW YORK

Dépôt des Cognac de la Maison ALPH. BELLOT & Co., et des
Liqueurs de VICTOR JULIEN.

VIEUX VINS DE MEDOC ET BONS VINS ORDINAIRES

Reçoit des Propriétaires les meilleurs Vins de Californie. Gros
et Détail.

Rutland, une des deux plus grandes villes de l'État, jonction des chemins de fer de Vermont, Washington et Burlington, 12,149 habitants. — Saint-Albans, ville agréable de 7,193 habitants. — Saint-Johnsbury, belle et florissante ville sur le Passumpsic Railroad, 6,000 habitants. — Vergennes, comté d'Addison, la plus ancienne ville de la Nouvelle-Angleterre. 2,000 habitants.

36. VIRGINIE, État de. — Colonisé en 1607 par les Anglais, admis dans l'Union en 1788. Divisé maintenant en deux États. 1,575,600 habitants. Superficie : 63,803 milles carrés.

Capitale * Richmond, comté d'Henrico, capitale de la Virginie, sur la rive gauche du James. 72,000 habitants. Arsenal. Fonderie de canons. Manufactures d'objets en fer et de tabac, de locomotives, de wagons de chemins de fer et d'instruments aratoires. Hauts fourneaux. Commerce de viandes salées, moulins à farines, mines de charbons, commerce considérable d'importation ; consulat.

Villes principales : * Norfolk, comté de Norfolk, près de l'embouchure de l'Elisabeth, un des meilleurs ports de l'Union et le principal entrepôt du commerce de la Virginie, à 240 kil. S. S. E. de Washington ; agent consulaire. — Petersbourg, comté de Dinwiddie. 25,000 habitants. Port sur la rive droite de l'Appomattox River. Manufactures de tabac. Moulins à farine.

37. VIRGINIE DE L'OUEST, État de. — Séparé de la Virginie et établi comme un autre État de l'Union en 1863. 775,000 habitants. Superficie : 59,586 kil. carrés. Mêmes productions que la Virginie.

Capitale : Charleston, 5,000 habitants.

Métropole, Wheeling, comté d'Ohio, sur la rivière l'Ohio, chef-lieu et capitale de l'État et de comté, 34,500 habitants. Le pays avoisinant contient de grandes couches de houille. Commerce par rivière assez considérable.

38. WISCONSIN, État de. — Colonisé par les Français en 1668, admis dans l'Union en 1848. Population : 1,700,000 habitants. Superficie : 53,934 milles carrés.

Capitale, Madison, 14,000 habitants.

Métropole, MILWAUKEE, 160,000 habitants. Commerce de grains et de bois de construction.

Villes principales : La Crosse, chef-lieu du comté du même nom. Grand commerce de grains, 23,000 habitants. — Oshkosh, comté de Vinnebago, 15,749 habitants. — Racine, 18,000 habitants.

1. ALASKA, Territoire. — Acheté à la Russie en 1867 pour $7,200,000. Superficie : 580,107 milles carrés. Pêcheries, grand commerce de pelleteries et de bois de construction. Population : 80,000 habitants.

Sittia, capitale, très petite ville, commerce de denrées et pelleteries.

Fort Wrangel, station militaire.

ANDREW GILHOOLY

AVOCAT, AVOUÉ ET NOTAIRE

No. 5 Beekman Street, New York

[Près le Post-Office Général]

Rédaction dans la forme légale française de tous les actes requis par le Code français: Certificats de vie, Consentement à mariage, Actes de Notoriété, Successions, Liquidations, Procurations, etc.

Correspondant à Paris:

Me HENRI FONTANA
Notaire
No. 10, RUE ROYALE-SAINT-HONORÉ

J. DAUENHAUER

BOUCHER

9, 10, 11 & 12 Clinton Market

Entrez au coin de Washington et Canal Sts.   **NEW YORK**

Fourniture d'Hôtels, Restaurants et Steamers

2. ARIZONA, Territoire. — Superficie : 113,916 milles carrés. Population : 40,440 habitants. Cette contrée fut civilisée dans sa partie sud dès 1687 par des missionnaires français. Arrosée à l'ouest et au sud par la rivière aurifère la Gila et ses tributaires ; traversée au nord par le chemin de fer Atlantic Pacific et au sud par le Southern Pacific. Mines d'or, d'argent, de cuivre et de plomb dans toutes ses montagnes. Est située dans la partie centrale-pacifique des Etats-Unis, et limitée au nord par le Territoire de l'Utah, à l'est par l'Etat du Nouveau-Mexique, au sud par la république du Mexique et à l'ouest par la Basse-Californie.

Tuscon, ville du comté de Pima, 8,000 habitants, favorablement située sur la rivière Santa-Cruz et près du chemin de fer Southern Pacific. Riches mines d'argent dans son voisinage. Centre du commerce du sud du Territoire.

3. DAKOTA, Territoire. — Population : 135,177 habitants. Superficie : 150,932 milles carrés.

Ce territoire est borné à l'est par l'Etat du Minnesota, au sud par celui du Nebraska, à l'ouest par les Territoires de Wyoming et de Montana et au nord par les possessions anglaises.

Pays montagneux et en partie couvert de forêts ; le sud-ouest contient des mines d'or, d'argent, de fer, de cuivre et de plomb. Peuplé par les Indiens Sioux, le Dakota est traversé au nord par le chemin de fer Northern Pacific, et du nord a sud par le fleuve Missouri. Terre fertile.

Yankton, capitale, sur la rivière Missouri, à 66 milles nord-ouest de Sioux City (Iowa) à laquelle la relie un chemin de fer. 5,000 habitants.

4. IDAHO, Territoire. — Région située sur le versant des monts Rocheux, arrosée à l'ouest par la Colombia et ses tributaires, traversée au nord par le chemin de fer Northern Pacific, avec correspondance du Central Pacific. Ce Territoire est limité au nord par celui de Washington, à l'ouest par ceux de Montana et de Wyoming (chaînes des monts Bitter Roots), au sud par l'Utah et à l'ouest par l'Orégon. Population : 36,000 habitants. Superficie : 86,294 milles carrés.

Boise City (autrefois Bannock), capitale du Territoire, située agréablement sur la rivière du même nom et sur l'embranchement du chemin de fer Northern Pacific au Central Pacific. Population : 2,400 habitants. Centre du commerce de la contrée.

5. MONTANA, Territoire. — Population : 45,000 habitants. Superficie : 143,776 milles carrés. Vaste contrée bornée à l'est par le Territoire du Dakota, au sud par celui de Wyoming, à l'ouest par les Monts Rocheux et Idaho, et au nord par les possessions anglaises. Traversée par le chemin de fer Northern Pacific et par la rivière Missouri, qui prend ses sources sur ce Territoire. Produits : bois, métaux, grains, fruits et végétaux en grande abondance. Ressources minérales au sud-ouest, et celles agricoles dans les autres parties du pays.

JAMES REILEY

Fruits, Volailles et Gibier

POISSON FRAIS EN TOUTE SAISON

Fourniture d'Hôtels, Restaurants et Familles

88 VESEY STREET

En face du Washington Market.   NEW YORK

GOURD & TOURNADE

25 & 27 South William Street   New York

SPÉCIALITÉ DE VINS FRANÇAIS

BORDEAUX ET BOURGOGNES

En Cercles et en Bouteilles

Grand assortiment des Liqueurs et Cordiaux les plus renommés de France et de Hollande.

DÉPÔT DE LA VÉRITABLE BÉNÉDICTINE

Helena, à 144 milles south-ouest du fort Benton et à 130 nord de Virginia City, 5,000 habitants. La plus commerçante place du Montana. Dans son district moulins à quartz et à farine, distilleries et brasseries.

6. NOUVEAU-MEXIQUE, Territoire. — Colonisé par les Espagnols vers 1769, puis par des Américains, fut érigé en gouvernement territorial en 1848. Population : 125,000 habitants. Superficie : 121,291 milles carrés.

Santa-Fé, chef-lieu du Territoire, 6,729 habitants.

7. TERRITOIRE INDIEN. — Population : 68,152 habitants. Superficie : 68,991 milles carrés. Le Territoire indien, où se sont réunies de nombreuses tribus indiennes généralement venues des régions de l'Est, s'étend au sud du Kansas jusqu'à la rivière Rouge qui le sépare du Texas, est borné à l'est par l'Etat d'Arkansas et à l'ouest du Nouveau-Mexique. Terres fertiles d'alluvion, couvertes en partie par des bois et des prairies, arrosées par l'Arkansas, le rivière Rouge et les tributaires de ces deux rivières. Ces contrées sont traversées par les chemins de fer Atlantic-Pacific au nord et par le Southern Pacific au sud.

Tablequah, capitale du Territoire, chef-lieu de Cherokee N., à 65 milles N.-O. du fort Smith (Ark.) Tribunal, marchés, 500 habitants.

8. UTAH, Territoire. — Population : 120,000 habitants. Superficie : 84,476 milles carrés. Onze journaux divers sont publiés dans ce Territoire, dont 5 à Salt Lake City. Il est borné au nord par celui d'Idaho, à l'est par l'Etat de Colorado, au sud par le Territoire d'Arizona et à l'ouest par le Nevada. Le chemin de fer Grand Central Pacific, qui traverse la partie nord de ce pays, a donné un grand écoulement à ses produits. Cette contrée, à laquelle la secte des mormons a donné une fâcheuse renommée, est essentiellement agricole. Néanmoins les montagnes de l'est et de l'ouest contiennent des mines d'argent, de cuivre et de plomb, dont l'exploitation a pris du développement.

Salt Lake City, capitale sur le lac de ce nom et sur la rivière Jordan, est traversée par le chemin de fer Utah Central. Population : 20,768 habitants. Centre de produits agricoles considérables.

9. WASHINGTON, Territoire. — Population : 75,116 habitants. Superficie : 69,994 milles carrés. Il se publie 19 journaux dans les diverses parties de ce Territoire. Ce pays situé dans la partie du Pacifique des Etats-Unis, au nord de l'Orégon, a pour limites à l'est le Territoire de Montana, au sud celui de l'Idaho et à l'ouest l'Océan Pacifique.

Olympia, capitale du Territoire sur le golfe du Puget Sound, à 120 miles nord de Portland (Orégon), à 850 de San Francisco ; 2,000 habitants.

MAISON LEBEUF

JUSTIN PEUQUET

SUCCESSEUR

Vins, Liqueurs, Sirops

GENTIANE SUISSE

177 MERCER ST. & 19 WEST HOUSTON ST.

NEW YORK

G. BORDEL

MAISON FRANÇAISE. GROS ET DÉTAIL

IMPORTATION DIRECTE DE

VINS, COGNACS, EAUX-DE-VIE

SEUL DEPOSITAIRE DES VINS DU

Chateau Ausone

Ancienne Propriété de la Comtesse de Lagrange

107 WEST 25th STREET, New York

10. WYOMING, Territoire. — Population : 20,789 habitants. Superficie : 87,883 milles carrés. Cette contrée, située dans les Monts Rocheux, est bornée au nord par le Territoire de Montana, à l'est par celui de Dakota et l'État de Nébraska, au sud par l'État du Colorado et à l'ouest par le Territoire d'Idaho et les Montagnes Bleues. Traversée dans sa partie sud par le chemin de fer Union Pacific.

Cheyenne, capitale, surnommée Magic City, par la rapidité de sa prospérité, point de jonction des chemins de fer Central Pacific et Union Pacific, à 516 milles ouest d'Omaha et d'Ogden. 3,456 habitants. Affaires actives.

COLONIES FRANÇAISES.

ÉTABLISSEMENTS FRANÇAIS DANS LES DEUX AMÉRIQUES.

Amérique du Nord.

SAINT-PIERRE, petite île dans l'Amérique du Nord, 20 kilomètres dans la côte ouest de Terre-Neuve, chef-lieu et point central des bâtiments français armés pour la pêche de la morue. Population : 5,765 habitants, et 12,000 dans la saison de la pêche. Point intermédiaire des lignes télégraphiques entre l'Europe et l'Amérique. Le groupe des îles Saint-Pierre et Miquelon se compose : de l'île de Saint-Pierre, proprement dite ; de l'île Miquelon, qui elle-même se divise en grande et petite Miquelon ; cette dernière partie de l'île s'appelle aussi Langlade. On compte aussi six îlots dépendant de l'île Saint-Pierre, savoir : le grand Colombier et le petit Colombier, situés au nord-est de cette île, et les quatre îlots nommés ; l'île aux Chiens, l'île aux Vainqueurs (Lazarets), l'île aux Pigeons et l'île aux Massacres. La correspondance avec la France est bimensuelle, sauf pendant les mois de février et mars où le steamer postal ne fait qu'un voyage par mois entre Halifax et Saint-Pierre, à cause de la rigueur de la saison ; elle a lieu par Liverpool, Queenstown (Irlande), Halifax (Nouvelle-Écosse) et Sydney (Cap Breton), ou par Brest, New York.

MIQUELON, petite île, à 30 kilomètres de Saint-Pierre.

Amérique du Sud.

LA MARTINIQUE, Ile de. — L'une des plus considérables et la plus riche de nos possessions dans les Antilles. Cette île compte 2 villes, 5 ports, 23 bourgs ; sa superficie est de 98,782 hectares, dont les deux tiers sont en bois de savanes. Population : 167,995 habitants. Importation : 21,905,243 fr. Exportation : 21,443,882 fr. Productions : Café, canne à sucre, cacao, coton, roucou, ambrette, écaille, tabac, cocos, bananes,

SOHMER
PIANO

LES PIANOS SOHMER.

Le *Puck* a publié dans son numéro d'été un dessin qui fait allusion à la politique du jour, et qui prouve d'une façon frappante que, malgré les luttes des partis, c'est le piano Sohmer qui l'emporte en 1888 dans le monde musical.

Au premier plan, M. Hugo Sohmer accueille de la façon la plus courtoise Columbia à laquelle il présente le piano Sohmer. A côté de M. Sohmer est un groupe composé de M. Josef Kuder à gauche, de M. Charles Fahr au centre, et de M. Georg Reichmann à droite; tous se réjouissent de voir que Columbia, représentant le peuple des Etats-Unis, apprécie les mérites de l'instrument. Au-dessus flotte une bannière avec ces mots: "Sohmer et Cie." A l'arrière plan on voit le Capitole avec Cleveland, Thurman, Harrison et Morton entourés de politiciens qui, malgré leurs divergences d'opinions, sont d'accord pour reconnaître la haute valeur des célèbres pianos Sohmer.

oranges, citrons, ananas, melons, casse-fruits, fleurs, plantes médicinales, bois d'ébénisterie et de construction, bois de campêche, tafia, rhum, etc. Industrie : 15 usines centrales à Fort-de-France, à la Trinité, au Lamentin, au François, etc., et 564 sucreries, dont 88 à vapeur. Tuileries, briqueteries, chaufourneries, scieries mécaniques.

Villes principales : Fort-de-France, ville forte et maritime, située au fond d'une baie, où elle a un port excellent. Beau bassin de radoub. C'est le port d'attache des paquebots transatlantiques français ; il y a à Fort-de-France un collège diocésain, une école des arts et métiers et un atelier important de fonderie. C'est une ville bien bâtie, dont les rues sont tirées au cordeau. Population : 15,529 habitants. — Saint-Pierre, évêché, ville maritime, à 56 kilomètres de Fort-de-France, située au fond d'une anse circulaire et défendue par plusieurs batteries ; centre d'une grande partie du commerce de l'Inde. Population : 23,166 habitants.

LA GUADELOUPE, Ile de. — La colonie de la Guadeloupe comprend la Guadeloupe, proprement dite, la Grande-Terre, les îles de Marie-Galante, des Saintes, de la Désirade, de Saint-Barthès, et les deux tiers de celle de Saint-Martin, occupée au sud par les Hollandais. Production : Canne à sucre, café, coton, cacao, tabac, manioc, patates, ignames, maïs, bananes, roucou, vanille, fruit à pain, mangoa-root, avocat, sapotille, cocos, choux palmistes, oranges, abricots, ananas, girofle, cannelle, plantes potagères, plantes médicinales, plantes marines, fleurs, acajou, campêche. Poissons de mer en abondance, tortues, crustacés. Bœufs, chèvres, moutons, agoutis, racoons, etc. Industrie : 462 sucreries, dont 15 usines pouvant produire annuellement plus de 4,000 barriques de sucre, et 15 pouvant en produire jusqu'à 2,000 ; 427 caféières, 49 cotonneries, 35 cacaotières, 316 plantations à épices, 6 à tabac, 8 à roucou, 1 à nopal, 1 poterie, 2 salines ; 4,745 petites propriétés maraichères, sur lesquelles se cultivent les bananes, les ignames, maïs, patates malangas, pois, couscous, et se produit la farine de manioc ; total 5,740 habitations rurales, occupant 63,530 cultivateurs. Population : 200,321 habitants. Commerce : Exploitation de sucre brut, de café, cacao, vanille, roucou, coton, rhum, tafia, sirop, girofle, gingembre, bois d'ébénisterie, etc. Le commerce d'importation consiste en vins, eaux-de-vie, liqueurs, farines, chapeaux fins et communs, huile, bijouterie, quincaillerie, papiers, librairie, mulets, peaux préparées, poisson salé, tissus, lin, chanvre, laine, cristaux et objets divers.

Villes principales : La Pointe-à-Pitre, magnifique port à l'abri de tous les vents, pouvant recevoir les navires du plus grand tonnage, au sud-est de la Rivière-Salée. Sa population est de 17,967 habitants. — La Basse-Terre, rade foraine, chef-lieu et résidence du gouvernement colonial. Population : 10,021 habitants. — Marie-Galante, île située à 40 kilomètres de

LUKE CLARK Fils

No. 209 OUEST 23e RUE

Coin 7me Avenue   NEW YORK

ENTREPRENEURS DE

Pompes Funèbres

DE L'ÉGLISE FRANÇAISE DE SAINT-VINCENT-DE-PAUL

Se charge de la transportation des corps en Europe.

CONDITIONS RAISONNABLES

la Guadeloupe, elle a 85 kilomètres de tour ; la rade est entourée d'une ceinture de rochers qui en rend l'accès difficile. Population : 16,526 habitants.

GUYANE FRANÇAISE. — La Guyane Française s'étend du 2e au 6e degré de latitude nord, depuis la rivière de l'Arawari jusqu'à l'embouchure du Maroni. Elle est divisée en 14 quartiers. Sa population est de 17,474 habitants. Presque tous les terrains de la Guyane sont aurifères, et quelques gisements paraissent être d'une grande richesse. Une compagnie dite compagnie des mines de l'Approuague en a obtenu la concession pour cinq ans (1859), renouvelée en 1864.

Ville principale : Cayenne, capitale de la Guyane française, située dans l'île de son nom, précédée d'une rade vaste et commode. Population : 11,000 habitants. Commerce de coton, café, sucre, roucou, cacao, vanille, girofle, etc. Jardin des plantes.

Etats et Villes de l'Amérique Centrale et de l'Amérique du Nord où se trouvent des Ministres et Consuls Français.

RÉPUBLIQUE ARGENTINE. — Buenos-Ayres, ministre plénipotentiaire, consul et chancelier. — Concordia, vice-consul. — Rosario, vice-consul. — Conception, Dolorés, Mercedés, Santa-Fé, Santiago, agents consulaires.

BRÉSIL. — Rio Janeiro, ministre plépotentiaire et consul. — Bahia, consul et chancelier. — Fernambouc, consul et chancelier. — Barbacena, Sainte-Catherine, Santos, Victoria, agents consulaires.

AMÉRIQUE-CENTRALE. — Guatemala, consul général et chancelier. — San José de Costa-Rica, vice-consul. — Amapala (Honduras), Léon de Nicaragua, San Salvador, agents consulaires.

CHILI. — Santiago du Chili, ministre plénipotentiaire, consul et chancelier. — Valparaiso, consul et chancelier. — Copiapo, La Serena, San Carlos, Voloidia, agents consulaires.

COLOMBIE (Etats-Unis de). — Panama, consul général et chancelier. — Bogota, consul général et chancelier. — Colon ou Aspinwall, vice-consul. — Honda, Medellin, Sainte-Marthe, Tumaco, agents consulaires.

RÉPUBLIQUE DOMINICAINE. — Santo Domingo, consul. — Puerto Plata, Santa Barba, agents consulaires.

ÉQUATEUR. — Quito, consul général et chancelier. — Guyaquil, vice-consul.

28 TIRAGES PAR AN

Et exemption absolue de toutes pertes possibles.

Obligations Européennes á Primes

NE PERDEZ PAS UNE OCCASION SPLENDIDE

Tirages chaque mois

Un versement de **$5** vous donnera le droit de prendre part à **28 tirages** annuels. La somme versée sera portée au crédit de l'acheteur comme payement partiel de ces obligations.

GRANDS PRIX DE $2,000,000, $1,000,000, $100,000, $50,000, etc., etc.

Nous donnons cette occasion de placer de l'argent sur ces obligations à la portée de tous en vendant les séries d'obligations constituant ces tirages au moyen de versements mensuels de **$5** et le premier versement donnant immédiatement à l'acheteur tous les droits que possède le propriétaire définitif au prochain tirage mensuel dont nous fournirons gratuitement la liste après chaque tirage. Ces obligations seront toujours achetées par nous au cours du marché et acceptées également comme garanties de prêt.

Il ne faut les confondre avec aucun système de loterie et elles ne sont pas considérées de la sorte par les cours des Etats-Unis. Ce sont des obligations semblables à celles des Etats-Unis, et elles sont émises par les gouvernements européens les plus solides.

Envoyez vos ordres à

E. H. HORNER, Banquier

65 Wall St., New York

En y joignant le premier versement de **$5**, dont le reçu, qui vous donnera droit à tous les privilèges mentionnés ci-dessus, sera suivi d'un certificat donnant les numéros des actions achetées.

E. H. HORNER, Banqier
65 WALL STREET, NEW YORK

Bureau annexe — 803 Pine St., Saint Louis, Mo.

HAITI. — Port-au-Prince, ministre plénipotentiaire, chancelier. — Cap Haïtien, Jérémie, Miragoane, Saint-Marc, agents consulaires.

MEXIQUE. — Mexico, ministre plénipotentiaire et chancelier. — Tampico, consul et chancelier. — Vera-Cruz, vice-consul et chancelier. — Carmen, Guayamas, Puebla, Queretaro, Tonala, agents consulaires.

PARAGUAY. — Assomption, consul et chancelier.

PÉROU. — Lima, ministre plénipotentiaire. — Callao, vice-consul. — Arequipa, Pisco, Puno, Truxillo, agents consulaires.

POSSESSIONS ESPAGNOLES. — La Havane, consul général, chancelier. — Puerto-Rico, consul, chancelier. — Santiago de Cuba, consul, chancelier. — Aguadilla, Baracoa, Guayama, Humacao, Ponce-Vieques, agents consulaires.

POSSESSIONS ANGLAISES. — Québec, consul général, chancelier. — Charlottetown, Chatham, Les Escoumins, Gaspé, Halifax (Nouvelle-Ecosse), Montréal, agents consulaires. — Saint-Jean de Terre-Neuve, consul et vice-consul. — Saint-John (New-Brunswick), Sydney (Nouvelle-Ecosse), île du Cap Breton, Toronto, Trois-Rivières, Victoria (Vancouver), Winnipeg (Manitoba), agents consulaires.

URAGUAY. — Montevideo, ministre plénipotentiaire, chancelier. — Maldonado, Minas, Paysandu, San José, agents consulaires.

VENEZUELA. — Caracas, ministre plénipotentiaire, chancelier. — Barcelona, Carupano, Cumana, Maracaïbo, Puerto Cabello, agents consulaires.

TERRES PUBLIQUES.

Les Etats où le gouvernement des Etats-Unis possède encore des terres sont: l'Alabama, l'Arkansas, la Californie, la Floride, l'Iowa, le Kansas, la Louisiane, le Michigan, le Minnosota, le Mississipi, le Missouri, le Nebraska, le Nevada, l'Orégon, le Wisconsin. L'étendue des terres publiques encore vacantes dans ces quinze Etats est d'environ 350 millions d'acres (l'acre est égal à environ 40 ares ; $2\frac{1}{2}$ ares font plus d'un hectare), dont la moitié dans la Californie, le Nevada, l'Orégon, et plus du quart dans le Kansas et le Nebraska.

Dans les onze Territoires dont la colonisation est encore à ses débuts, il y a en terres vacantes près d'un milliard d'acres. Le Territoire d'Alaska est compris dans ce chiffre pour 275 millions d'acres.

En 1887-1886, le gouvernement fédéral a aliéné 9,000,000 d'acres de terres publiques, dont 7,000,000 ont été concédés

Mme DUVAL
TAPISSERIE ET MATELAS
SOMMIERS ÉLASTIQUES

Réparation de Meubles en tous genres. Prix très modérés.

111 Clinton Place, New York

P. GROSCLAUDE
IMPORTATEUR DE
Vins Français, Liqueurs, Cognacs

Vins de Californie, 75c. à $1 le Gallon

HUILE D'OLIVE ET VINAIGRE DE VIN

81 SOUTH FIFTH AVENUE

NEW YORK

L. CONTERNO
CHEF DE MUSIQUE
DU 14e REGIMENT, BROOKLYN

CHEF D'ORCHESTRE DES FÊTES FRANÇAISES

54 SOUTH WASHINGTON SQUARE

NEW YORK

gratuitement à des colons, en vertu du *Homestead Act*, 900,000 ont été concédés pour encourager la culture des arbres forestiers et 1,000,000 acres ont été vendus.

Le prix des terres publiques est fixé d'une manière uniforme à $1.25 par acre, excepté dans le voisinage des chemins de fer, où ce prix est porté à $2.50. Il ne peut jamais dépasser ce dernier chiffre.

Homestead Act.

OU LOI QUI DÉTERMINE LES CONDITIONS A REMPLIR POUR S'ÉTABLIR GRATUITEMENT SUR LES TERRES PUBLIQUES.

(Promulguée le 20 mai 1862.)

Nous donnons les articles principaux de la loi du Homestead :

ART. 1. Toute personne qui est à la tête d'une famille, ou qui est arrivée à l'âge de vingt-et-un ans, et qui est citoyen des Etats-Unis, ou qui a déclaré son intention de le devenir, suivant les prescriptions de la loi de naturalisation des Etats-Unis, et qui n'a pas jamais porté les armes contre les Etats-Unis, ou prêté concours à l'ennemi, aura droit, à partir du 1er janvier 1863, à entrer en possession d'un quart de section (160 acres) ou d'une moins grande quantité de terres publiques, dont il aura auparavant réclamé la préemption, et qui, au moment de la demande, sera sujette à préemption au taux d'un dollar vingt-cinq cents l'acre ou moins, ou bien à entrer en possession de quatre-vingts acres ou moins de ces mêmes terres à $2.50 l'acre, quand cette quantité se trouvera en un seul lot, suivant la subdivision légale des terres publiques et après inspection.

Toute personne qui possède une terre ou qui a sa résidence sur cette terre, en vertu de cette loi, peut entrer en possession des terres contiguës, pourvu que cette acquisition nouvelle ne porte pas la propriété totale à plus de 160 acres.

ART. 2. Pour profiter du bénéfice de cette loi, l'intéressé doit, en inscrivant sa demande sur le registre du Bureau des Terres, produire un affidavit constatant qu'il est à la tête d'une famille ou qu'il a plus de vingt-et-un ans, ou qu'il a servi dans l'armée ou la marine des Etats-Unis, et qu'il n'a jamais porté les armes contre le gouvernement des Etats-Unis, ni prêté son concours à ses ennemis; il doit déclarer en outre que la demande est pour son bénéfice exclusif, qu'elle est faite dans le but de s'établir immédiatement sur les terres et de les cultiver et que ce n'est ni directement ni indirectement pour l'intérêt d'un autre. En produisant cet affidavit et en payant une somme de $10, on pourra entrer immédiatement en possession des terres réclamées.

Mais on ne délivrera de certificats, ou actes de propriété, qu'à l'expiration de cinq années, à dater du jour de la demande, et si à cette époque, ou dans l'intervalle de deux ans après, la personne qui a fait la demande, ou si elle est morte, sa veuve, ses héritiers ou ses ayants-droit, ou dans le cas où l'acquéreur serait une veuve, si elle est morte, ses héritiers ou ayants-droit prouvent par deux témoins dignes de foi, qu'ils ont résidé sur ces terres, et les ont cultivées pendant cinq ans, à dater du jour de la demande, et produi-

Metropolitan Market

A. BAER, Prop.

922 BROADWAY

Coin de la 21me Rue   NEW YORK

Telephone: 852 21st

Fourniture d'Hôtels, Restaurants et Steamers

EXPÉDITION DANS TOUTE LA VILLE ET À LA CAMPAGNE.

Les ordres pour les bateaux de plaisance seront exécutés avec de plus grand soin.

sent un autre affidavit, constatant qu'aucune partie n'a été aliénée, et qu'ils ont été fidèles au gouvernement des Etats-Unis, alors, s'ils sont à ce moment citoyens des Etats-Unis, ils auront droit à un acte délivré dans la forme légale.

Une loi du 3 mars 1873 accorde la concession gratuite de 160 acres de terres publiques à toute personne qui aura planté et entretenu pendant cinq ans quarante acres d'arbres fruitiers sur cette terre. Les arbres doivent être plantés à huit pieds de distance au plus, les uns des autres. En prenant possession de la terre, le colon doit déclarer au Bureau des Terres, qu'il compte planter des arbres fruitiers ; il paie en même temps une somme de dix dollars pour tous frais.

La même loi spécifie, que si un colon qui a pris antérieurement possession d'une terre, en vertu de la loi du *homestead* du 20 mai 1862, a planté et cultivé pendant deux ans une quantité de bois égale à un acre boisé pour chaque 16 acres de terre, il aura droit à son titre définitif de propriété à la fin de la troisième année.

GOUVERNEMENT FÉDÉRAL.

POUVOIR EXÉCUTIF.

Le chef du pouvoir exécutif est le président, élu pour quatre ans et recevant un traitement de $50,000.

Les membres du cabinet, nommés par le président, sont au nombre de sept et reçoivent un traitement de $8,000.

POUVOIR LÉGISLATIF.

Le pouvoir législatif est exercé par le Congrès, divisé en deux branches : le Sénat, composé de deux membres de chaque Etat, soit 76 membres, et la Chambre des représentants de 325 membres. Chaque Etat possède un nombre de représentants proportionnel à sa population, environ un par 150,000 habitants. Les sénateurs, nommés pour six ans et les membres de la Chambre, élus pour deux ans, reçoivent chacun un traitement de $5,000. Les présidents du Sénat et de la Chambre reçoivent chacun $8,000.

POUVOIR JUDICIAIRE.

La plus haute cour fédérale est la Cour Suprême, siégeant à Washington, composée d'un président recevant un traitement de $8,500, et de huit juges au traitement de $8,000.

Les Etats-Unis sont en outre divisés en neuf grandes circonscriptions judiciaires, appelées *Circuits*, qui sont subdivisées à leur tour en 58 *districts*.

Les juges de *Circuit* reçoivent annuellement $6,000 et les juges de district de $3,500 à $5,000.

| BÂLE | ETABLI DEPUIS 1834 | NEW YORK |

A. ZWILCHENBART

MAISON SUISSE DE

Change et Billets de Passage

Traites sur Bâle, Berne, Zurich et Paris. — Change de Monnaie au plus bas cours du jour.

Billets de Passage, aller et retour, à prix réduits.
Billets de Chemins de Fer pour tous les points des Etats-Unis et du Canada.
Mandats-poste sans aucun frais.
Procurations, Liquidations et Recouvrements de Créances et d'Héritages.
AGENT DU **Transatlantic Express,** la compagnie de messageries la plus rapide et la plus sûre. Correspondants dans les principales villes d'Europe.

143 GREENWICH STREET, NEW YORK

☞ Les personnes qui se rendront en Suisse avec des billets pris dans notre agence ont droit à un abonnement de six mois à l'*Amerikanische Schweizer Zeitung*.

BOULANGERIE FRANÇAISE

LOUIS FAIVRE

Ex-Boulanger à l'Hôtel Brunswick

76 OUEST 3me RUE

Au coin de Thompson St.   NEW YORK

ANCIENNE MAISON HOERTEL

BRIOCHES TOUS LES DIMANCHES

FORCE PUBLIQUE.

ARMÉE DE TERRE.

Au 1er décembre 1887 l'armée des Etats-Unis était composée de la manière suivante :

	Officiers.	Soldats.
10 régiments de cavalerie	439	6,806
5 régiments d'artillerie	246	2,482
25 régiments d'infanterie	880	10,950
Services divers	586	4,345
Total	2,200	24,583

MARINE.

La marine des Etats-Unis se compose de 117 navires de guerre, jaugeant ensemble 250,000 tonneaux et armés de 480 canons.

Elle comprend environ 10,000 hommes en activité de service.

LE DROIT DE SUFFRAGE.

Les lois sur la naturalisation sont les mêmes dans tous les Etats. La naturalisation est un droit fédéral accordé par l'Union et non par un Etat quelconque.

Le droit de vote, au contraire, est accordé par l'Etat dans lequel on réside et varie par conséquent selon les lois des différents Etats.

Il en résulte qu'on peut avoir le droit de suffrage dans certains Etats sans être citoyen des Etats-Unis, et qu'on peut être citoyen des Etats-Unis dans d'autres Etats sans avoir le droit de voter.

Dans le Territoire de Wyoming les femmes ont le droit de vote sur toutes les questions aussi bien que les hommes. Dans les quatorze Etats et dans les quatre Territoires nommés ci-après les femmes ont le droit de vote sur toutes les questions concernant les écoles, avec des restrictions plus ou moins grandes. Etats : Colorado, Indiana, Kansas, Kentucky, Massachusetts, Michigan, Minnesota, Nebraska, New Hampshire, New Jersey, New York, Oregon, Vermont et Wisconsin. Territoires : Dakota, Idaho, Montana et Washington.

Pour les élections générales, dans tous les Etats indistinctement, le droit de suffrage n'est accordé qu'aux personnes du sexe masculin âgées de vingt-et-un ans au moins.

Dans les Etats de Californie, Géorgie, Illinois, Iowa, Kentucky, Maine, Maryland, Massachusetts, Mississippi, Nevada, New Hampshire, New Jersey, New York, North Carolina, Ohio, South Carolina, Tennessee, Vermont et Virginia, il faut en outre être citoyen des Etats-Unis pour posséder le droit de suffrage.

Dans les Etats d'Alabama, Arkansas, Colorado, Florida, Indiana, Kansas, Louisiana, Michigan, Minnesota, Missouri, Nebraska, Oregon, Texas, West Virginia et Wisconsin, il suffit, pour avoir le même droit, d'avoir déclaré son intention de devenir citoyen et d'avoir eu sa résidence dans l'Etat durant un laps de temps variant de quatre mois (dans le Minnesota) à une année.

Dans l'Etat de Connecticut il faut être citoyen des Etats-Unis et savoir lire.

Dans le Delaware et la Pennsylvanie, il faut être citoyen et payer un impôt au comté.

Dans le Rhode Island, les étrangers sont admis à voter au même titre que les citoyens américains, s'ils possèdent des immeubles dans l'Etat évalués à $137 au moins, ou d'une valeur locative annuelle d'au moins $7.

L'ÉLECTION PRÉSIDENTIELLE.

Les président et vice-président des Etats-Unis ne sont pas élus directement par le suffrage universel.

Les élections ont lieu tous les quatre ans le premier mardi qui suit le premier lundi du mois de novembre de l'année précédant celle dans laquelle finit le terme présidentiel. La Constitution des Etats-Unis prescrit que chaque Etat nommera un nombre d'*électeurs* égal à la somme totale des représentants et des sénateurs auxquels cet Etat a droit dans le Congrès des Etats-Unis. Le nombre de ces électeurs est de 401. Aucun sénateur, représentant, officier ou employé quelconque du gouvernement ne peut faire partie de ce collège électoral. La Constitution exige que les *électeurs* soient nommés le même jour dans tous les Etats. Chaque Etat a le droit de prescrire le mode d'élection pour nommer ces *électeurs*. Jadis, dans la plupart des Etats, ils étaient nommés par les législatures. De nos jours, ils sont nommés directement par le peuple dans tous les Etats.

Les *électeurs présidentiels* ainsi désignés se réunissent dans leurs Etats respectifs, ils donnent leur voix aux candidats de leur choix, les procès-verbaux de ce vote sont envoyés à Washington au Président du Sénat qui compte alors les voix en présence du Sénat et de la Chambre des Représentants. Si aucun candidat n'a obtenu la majorité du collège électoral, la Chambre des Représentants choisit le Président des Etats-Unis parmi les trois candidats ayant obtenu le plus de voix. Dans ce cas l'élection se fait par Etats, chaque Etat n'ayant droit qu'à une voix, et une majorité des Etats est requise pour que l'élection soit valable.

Les tableaux suivants, résultats des deux dernières élections présidentielles, donnent une idée exacte de ce qu'est ce collège électoral:

1884.

CLEVELAND ET HENDRICKS.

Etats.	Votes.
Alabama	10
Arkansas	7
Connecticut	6
Delaware	3
Florida	4
Géorgie	12
Indiana	15
Kentucky	13
Louisiane	8
Maryland	8
Mississipi	9
Missouri	16
New Jersey	9
New York	36
North Carolina	11
South Carolina	9
Tennessee	12
Texas	13
Virginie	12
West Virginie	6
Total	219

BLAINE ET LOGAN.

Etats.	Votes.
Californie	8
Colorado	3
Illinois	22
Iowa	13
Kansas	9
Maine	6
Massachusetts	14
Michigan	13
Minnesota	7
Nebraska	5
Nevada	3
New Hampshire	4
Ohio	23
Oregon	3
Pennsylvanie	30
Rhode Island	4
Vermont	4
Wisconsin	11
Total	182

1888.

CLEVELAND ET THURMAN.

Etats.	Votes.
Alabama	10
Arkansas	7
Connecticut	6
Delaware	3
Florida	4
Géorgie	12
Kentucky	13
Louisiane	8
Maryland	8
Mississippi	9
Missouri	16
New Jersey	9
North Carolina	11
South Carolina	7
Tennessee	12
Texas	13
Virginie	12
Total	162

HARRISON ET MORTON.

Etats.	Votes.
Californie	8
Colorado	3
Illinois	22
Indiana	15
Iowa	13
Kansas	9
Maine	6
Massachusetts	14
Michigan	13
Minnesota	7
Nebraska	5
Nevada	3
New Hampshire	4
New York	36
Ohio	23
Oregon	3
Pennsylvanie	30
Rhode Island	4
Vermont	4
Wisconsin	11
West Virginie	6
Total	239

ETABLI DEPUIS 1867

THIBAULT

Teinturier ❖ ❖

❖ ❖ Dégraisseur

398 FIFTH AVENUE, NEW YORK

263 FULTON STREET, BROOKLYN

Réparations et Nettoyage de Vêtements d'Hommes.

Specialité de Dentelles et Rideaux

Le Président actuel est M. Grover Cleveland, élu par le parti démocratique en 1884. Son mandat expire le 4 Mars 1889, jour où son successeur, M. Benjamin Harrison, élu par le parti républicain, prendra les rênes du gouvernement avec un ministère tout à fait nouveau.

La succession présidentielle est fixée comme suit : En cas de mort, de démission ou d'incapacité du Président ou du Vice-Président, le Secrétaire d'Etat remplira les fonctions de Président jusqu'à l'élection d'un nouveau titulaire. A défaut de Secrétaire d'Etat le Secrétaire du Trésor le remplacera et ainsi de suite dans l'ordre suivant : le Secrétaire de la Guerre, l'Avocat Général, le Directeur Général des Postes, le Secrétaire de la Marine et le Secrétaire de l'Intérieur.

BREVETS D'INVENTION.

NOTIFICATION DE DEMANDE FUTURE DE BREVET OU "CAVEAT."

Tout citoyen des Etats-Unis ou tout étranger qui, après avoir demeuré un an aux Etats-Unis, a déclaré vouloir devenir citoyen, peut faire à la Direction des Brevets une notification de demande future ou un *caveat* en payant un droit de $10, et si, dans l'intervalle d'un an, quelqu'un demande un brevet pour la même invention, le *caveator* a le droit de prouver la priorité de l'invention et obtient le brevet s'il réussit à produire des preuves suffisantes.

Le *caveat* n'est valable que pour une année, mais il peut être renouvelé autant de fois qu'on le désire, moyennant le droit de $10.

On ne reçoit aucun *caveat* à la Direction des Brevets s'il n'est accompagné du serment qu'on est citoyen des Etats-Unis ou qu'on a fait sa déclaration pour le devenir, et qu'on est réellement l'auteur de l'invention ou du perfectionnement pour lequel on réclame un privilège.

On peut obtenir une copie du *caveat* et des pièces qui l'accompagnent en payant les droits ordinaires.

FORMALITÉS A REMPLIR POUR OBTENIR UN BREVET D'INVENTION.

Toute personne qui a inventé ou découvert un art, procédé, machine, produits de fabrication ou composition d'ingrédients, dessin, modèle ou combinaison, inconnu auparavant et d'utilité publique, ou un perfectionnement utile et nouveau, a droit à un brevet d'invention qui lui garantit un privilège exclusif dans tout le pays pendant dix-sept ans pour les inventions ordinaires, et de trois ans et demi, sept ou quatorze ans pour dessins, modèles et combinaisons, à l'option de l'inventeur.

JOSEPH LEVY
Cigares, Cigarettes et Tabac

GRAND ASSORTIMENT DE

JOUETS ET NOUVEAUTÉS

BAZAR

Articles de Toilette, Nécessaires, Joaillerie et Bijouterie,
Parfumerie, Papeterie, Tableaux, Journaux Illustrés,
Spécialités Médicales et un grand choix de
Chansons, Livres, etc.

Chemiserie et Bonneterie

Chemises, Flanelles, Tricots, Bretelles, Mouchoirs, Cravates,
Cols et Manchettes.

CHAUSSURES EN TOUS GENRES

325 WEST STREET

A proximité des Paquebots Transatlantiques Français

NEW YORK

En cas de décès ou de cession le dit brevet passe entre les mains des héritiers ou cessionnaires qui peuvent, s'ils sont plusieurs, le posséder en nom collectif.

La dite invention doit être originale et pratique, n'avoir été décrite dans aucune publication du pays ou de l'étranger et n'avoir été en vente ni en usage pendant deux ans ou plus.

Toute demande de brevet doit être rédigée en anglais et adressée au " Commissioner of Patents, Patent Office, Washington, D. C.," par l'inventeur ou en son nom, signée par lui en présence de deux témoins et accompagnée: 1° d'une description (spécification) pleine, claire et concise de l'invention ; 2° d'un dessin et d'un modèle, lorsque l'invention le permet (modèle d'un pied cube au maximum), ou d'échantillons des ingrédients entrant dans la composition inventée ; et 3° d'une déclaration sous serment par le dit inventeur qu'il est ou se croit l'inventeur original, qu'il ne croit pas que la chose ait jamais été connue ou en usage et mentionnant le pays dont il est citoyen.

Aucune demande ne sera examinée avant qu'elle ne soit complète et que les droits n'aient été payés.

Toute demande qui, sauf en cas de force majeure, n'est pas complétée dans l'espace de deux ans tombe dans le domaine public. Lorsque la demande est accordée le brevet doit être retiré, en payant les droits, dans les six mois qui suivent la notification à l'inventeur ou à son agent, autrement l'invention sera considérée abandonnée. Toutefois l'inventeur ou ses ayants-droit, durant les deux années suivantes, peuvent faire une nouvelle demande dans les mêmes termes et conditions que la première.

L'inventeur ou ses ayants-droit, après avoir obtenu un brevet à l'étranger, peuvent en obtenir un aux Etats-Unis, mais la durée en sera limitée par l'expiration du brevet à l'étranger.

Lorsqu'une demande est rejetée, en tout ou partie, comme indéfinie ou insuffisante, l'inventeur a droit à amender ses spécifications ; et ensuite, pour cela ou pour toute autre cause—infractions à d'autres brevets, manque de nouveauté ou d'utilité pratique—il a droit à en appeler de l'examinateur primaire à l'examinateur en chef, puis de l'examinateur en chef au commissaire, et du commissaire à la cour suprême du district de Colombie, et, finalement, il a droit à une adjudication devant une cour (des Etats-Unis) d'équité.

Les droits à payer d'avance sont :

Caveat, $10 ; demande de brevet, $15 ; émission de brevet, $20 ; renouvellement, $30 ; abandon, $10 ; appel à l'examinateur en chef, $10 ; appel au commissaire, $20 ; brevet pour dessin, modèle ou combinaison, pour trois ans et demi, $10, pour sept ans, $15, pour quatorze ans, $30 pour tous droits ; pour duplicatas de brevets et copie de documents, 10 cents par 100 mots ; pour l'enregistrement de tous actes, transferts, procurations, etc., $1 jusqu'à trois cents mots, $2 de trois cents à mille

Epicerie Française

A. BORRADORI

Légumes Frais, Conserves Alimentaires, Fromages Importés.

EXCELLENTE HUILE A MANGER, 75c. LE GALLON

No. 221 WOOSTER STREET

Près de la 3me Rue   NEW YORK

BUREAU DE TABAC FRANÇAIS

25 SOUTH FIFTH AVENUE

Près Bleecker Street   NEW YORK

S. VANNI, Proprietaire

CIGARES DE PREMIER CHOIX

TABAC DE TOUTES QUALITÉS

Joli assortiment de Pipes Gambier et de Bruyère

Envoi à Domicile en ville et par Express dans toutes les ville des Etats-Unis.

mots, $3 au-dessus de mille mots ; dessins (duplicatas), au prix de revient.

Toutes demandes, envois de dessins, modèles et documents doivent être adressés franc de port au " Commissioner of Patents, Patent Office, Washington, D. C." Les droits et débours se payent au commissaire par lettres chargées, mandats-poste, bons sur le trésor, en déposant la somme au sous-trésorier, au receveur de l'internal revenue, ou à la douane, au payeur des Etats-Unis ou autres dépositaires de fonds autorisés des Etats-Unis.

Le bureau des brevets envoie une copie des patentes, moyennant le paiement de 25 cents par exemplaire.

PROPRIÉTÉ LITTÉRAIRE.

COPYRIGHT.

Toute personne, citoyen ou résident des Etats-Unis, auteur, inventeur, dessinateur ou propriétaire d'un ouvrage, livre, carte, composition musicale, gravure, estampe, peinture, photographie, statue, modèles et dessins artistiques, destinés à être reproduits comme œuvre d'art, peut s'en réserver la propriété exclusive, par l'obtention d'un *copyright*.

Pour cela il faut envoyer au bibliothécaire du Congrès (Librarian of Congress, Washington, D. C.) deux exemplaires imprimés du titre qu'on se propose de donner à l'ouvrage, livre, carte, etc., et cela avant la publication, ainsi qu'une somme de $1.

Puis, dans les dix jours qui suivent la publication, il faut avoir soin d'envoyer au même bibliothécaire du Congrès deux exemplaires complets, faute de quoi le *copyright* serait frappé de nullité et l'éditeur puni d'une amende de $25.

La durée du privilège conféré par le *copyright* est de vingt-huit années et on peut obtenir un renouvellement de quatorze années en faisant la demande dans les six mois qui précèdent l'expiration du premier terme.

Il faut remarquer que le *copyright* n'a son plein effet que si l'auteur a soin de faire imprimer sur chaque exemplaire du livre ou de faire inscrire sur quelque partie de la carte, composition musicale, etc., les mots suivants : " *Entered according to Act of Congress in the year.......... by............ in the Office of the Librarian of Congress at Washington, D. C.*" ou bien encore, " *Copyrighted 188... by......*"

Nous ajouterons que le droit de traduction peut toujours être réservé en faisant insérer en tête de l'ouvrage les mots " *All rights reserved*" et en informant de cela le bibliothécaire du Congrès.

On peut vendre en tout ou en partie un *copyright*, mais il faut avoir soin d'en aviser le bibliothécaire du Congrès.

THE HOUSEHOLD

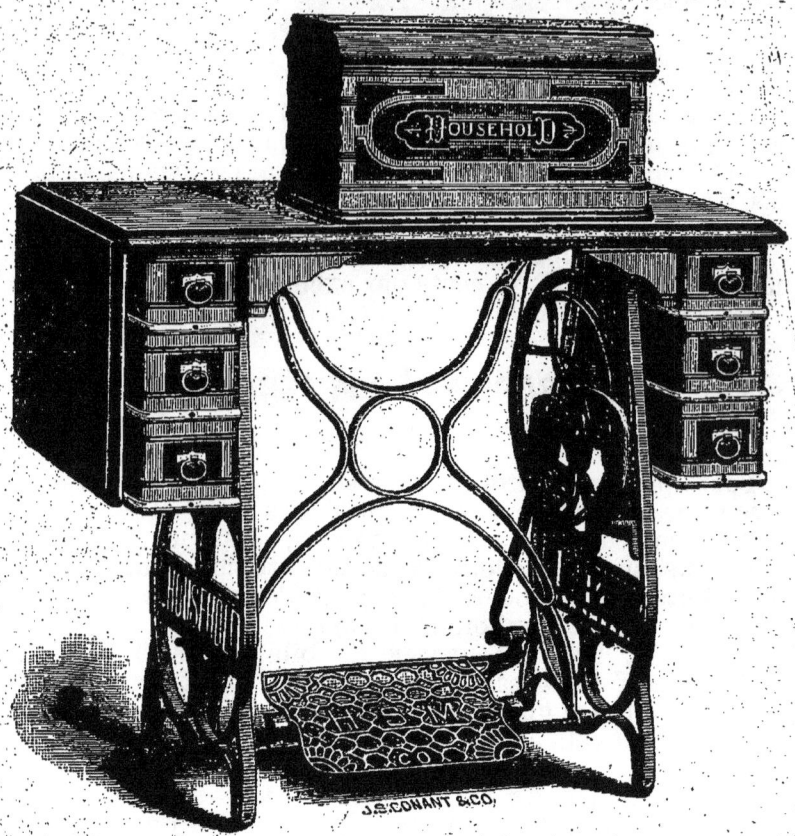

Un simple examen convaincra les plus incrédules de l'incomparable supériorité de la machine HOUSEHOLD sur toutes ses rivales.

Household Sewing Machine Co.

No. 12 EAST 14th STREET

VENTE AU DÉTAIL CHEZ

EMILE JAMES

44 CLINTON PLACE

Grandes Facilités de Paiement offertes à tous les Acheteurs, $5 comptant et $3 par mois.

M. EMILE JAMES est le seul Exportateur de cette célèbre Machine

Les étrangers qui n'habitent pas les Etats-Unis ne sont pas autorisés à prendre de *copyright*.

Toute personne mentionnant à faux dans son livre qu'il a été déposé, et que par conséquent il s'en réserve la propriété, est passible d'une amende de $100.

Tout contrefacteur est punissable de la confiscation de l'ouvrage, d'une amende et de dommages et intérêts.

Il n'existe pas de traité sur la propriété littéraire entre la France et les Etats-Unis.

MARQUES DE FABRIQUE.

TRADE-MARKS.

Les maisons de commerce ou les sociétés en nom collectif peuvent obtenir le droit exclusif d'employer une marque de fabrique.

Il faut faire préalablement une déclaration sous serment qu'aucune autre personne n'a un droit de priorité sur cette marque et que les fac-similes accompagnant la demande sont conformes à la dite marque de fabrique.

Le dit privilège n'assure l'usage d'une marque de fabrique que pour l'espèce de marchandise décrite à la demande. Une autre personne peut l'adapter à une autre espèce de marchandise et obtenir un privilège.

Toute personne qui viole une des clauses de la loi sur les marques de fabrique est passible d'une amende maximum de $1,000, ou une peine correctionnelle maximum de deux ans, ou l'une et l'autre pour chaque violation, en outre des dommages à payer au propriétaire réel.

La demande, accompagnée du montant du droit, doit être adressée au commissaire des brevets, à Washington, D. C., et contenir les noms et adresse de la maison de commerce du pétitionnaire, la classe de marchandises auxquelles la marque s'applique, une description exacte de la marque et de la manière de l'employer, avec dix fac-similes, et enfin le cas échéant, la date depuis laquelle on s'est servi de la marque de fabrique.

Le privilège de la marque de fabrique est de trente années et peut être renouvelé pour le même laps de temps.

Les étiquettes et imprimés sont enregistrés au Patent Office; mêmes formalités à remplir que pour les marques de fabrique. Le droit est de $6 auquel il faut adjoindre six exemplaires. Privilège, vingt-huit ans; renouvellement, quatorze ans.

RENSEIGNEMENTS UTILES AUX COMMERÇANTS.

ACTES ET CONTRATS. — Ils doivent être faits par écrit et signés des parties, sous peine de nullité dans les cas suivants :

AGENCE GÉNÉRALE

D'ASSURANCES

J. MARC MARTIN

Surintendant du Département
français de la Compagnie

L'EQUITABLE

Société d'Assurances sur
la Vie.

120 BROADWAY
NEW YORK

ÉQUITABLE

ON DEMANDE DES AGENTS

Hotel de France

MAISON RECOMMANDÉE À MM. LES VOYAGEURS

Cuisine française. — Service à la carte à toute heure

PRIX TRÈS MODÉRÉS

ARRANGEMENT À LA SEMAINE POUR FAMILLES

On parle toutes les langues

23 OUEST 3e RUE, NEW YORK

CHARLES JACOBS & CO., Prop.

1. Tous les actes et contrats ayant pour objet la vente d'immeubles ou de droits immobiliers ; 2. Tous baux dont la durée est de plus d'un an ; 3. Toutes conventions dont l'objet ne doit pas s'accomplir dans un délai d'un an ; 4. Toute promesse de répondre des dettes, faits ou actions d'une autre personne.

HYPOTHÈQUE — Il y a dans l'Etat de New-York deux espèces d'hypothèques : l'une qui repose sur des meubles ou des objets mobiliers et qui est appelée *chattel mortgage*, l'autre qui affecte les propriétés immobilières et qui est appelée *mortgage* tout simplement. C'est de cette dernière que nous allons nous occuper ; elle correspond à notre hypothèque en France.

Un mortgage est une garantie donnée sur des immeubles pour le paiement d'une somme d'argent ou autre obligation, qui est généralement reconnue ou créée par un autre acte qu'on appelle *bond* en anglais.

Si un homme marié emprunte une somme d'argent, lui seul signe le *bond*, mais le mortgage ou acte d'affectation hypothécaire doit être signé de lui et de sa femme, parce qu'elle a un droit de douaire dans tous les immeubles possédés par son mari. Par sa signature, la femme ne fait que renoncer en faveur du prêteur au douaire auquel elle a droit sur l'immeuble ; elle ne s'engage nullement au paiement de la somme prêtée, dans le cas où les biens hypothéqués ne seraient pas suffisants pour la rembourser.

Au contraire, le signataire du *bond* est tenu de payer le déficit qui pourrait exister.

Les mortgages doivent être enregistrés dans le comté dans lequel les immeubles hypothéqués se trouvent situés.

Tout *chattel mortgage* (hypothèque sur des meubles) doit être suivi immédiatement de la remise des objets hypothéqués. Si l'emprunteur conserve ces objets en sa possession, l'acte d'hypothèque ou une copie exacte de cet acte doit être déposé au bureau du clerc de la ville où les objets se trouvent. Pour la ville de New-York, le dépôt a lieu au bureau du *register*.

Ce dépôt n'est valide que pendant un an ; si, après ce temps, la dette ne se trouvait pas éteinte, il faudrait faire un nouveau dépôt.

JUGEMENTS. — Les jugements sont exécutoires immédiatement, sans signification préalable, à moins d'un ordre spécial de la cour qui surseoit à leur exécution.

Si l'on désire faire un appel, on doit donner caution pour arrêter la saisie.

Un jugement obtenu pour $25, ou plus, lorsqu'il est transcrit au bureau du clerc du comté dans lequel le défendeur possède des immeubles, emporte hypothèque sur ces immeubles pendant dix ans.

Exécution en France des jugements rendus par les tribunaux américains.—Les jugements rendus par les tribunaux améri-

Hotel de Paris

Ancienne Maison J. JAHIER

E. ROVEL

SUCCESSEUR

PENSION AVEC CHAMBRE

PRIX MODÉRÉS

75 CHRISTOPHER ST.

Entre Bleecker et la 4me Rue.   NEW YORK

A proximité des Paquebots Transatlantiques.

☞ Les Voyageurs trouveront à l'hôtel tous les renseignements nécessaire.

On y parle Français, Anglais, Allemand et Italien

cains ne peuvent être exécutés en France au même titre que les jugements des tribunaux français. L'exécution des jugements est, en effet, l'un des actes les plus importants de la puissance publique ; on ne saurait, sans briser l'unité de législation dans un pays, admettre que les jugements étrangers, basés sur des lois différentes puissent y être exécutés sans aucun contrôle.

En vertu de ce principe d'ordre supérieur les jugements américains ne sont susceptibles d'être revêtu de la formule exécutoire qui met la puissance publique à la disposition de la partie qui a obtenu gain de cause, que quand ces jugements ont été d'abord déférés à un tribunal français qui peut seul délivrer l'*exequatur*.

De plus, la formule exécutoire n'est accordée à une sentence étrangère qu'autant qu'elle a été soumise à l'examen des juges français, afin de vérifier si elle ne contient rien de contraire aux dispositions d'ordre public admises en France.

Même lorsqu'il s'agit d'une sentence commerciale, le tribunal civil *seul*, et non le tribunal de commerce est compétent pour ordonner l'*exequatur*.

Formes et effets des actes passés en pays étrangers. — De même que les jugements étrangers peuvent devenir exécutoires en France, en vertu de conventions diplomatiques, lorsqu'ils ont été revêtus de la formule exécutoire, les actes authentiques passés dans les mêmes pays étrangers et en vertu des mêmes traités, peuvent acquérir la force authentique en France et y devenir ainsi exécutoires après l'accomplissement des mêmes formalités. Ce sont les tribunaux français qui déclarent ces actes étrangers exécutoires. Tout acte d'exécution pratiqué en France, en vertu d'un acte passé à l'étranger et non confirmé par un jugement français, est nul. Au contraire, l'acte étranger qui a obtenu force exécutoire en France, peut donner hypothèque sur les biens situés en France.

A l'égard des actes passés à l'étranger, soit dans la forme authentique, soit sous signature privée, c'est un principe universellement adopté dans les diverses législations, que les actes sont régis, quant à leurs formes, par les lois des pays où ils ont été passés.

Cependant cette règle ne s'applique que suivant certaines distinctions. Ainsi, lorsqu'un Français contracte un engagement unilatéral, c'est-à-dire qu'il s'oblige seul envers une autre personne, il peut et doit toujours observer les formes prescrites par la loi de son pays, et il ne suit valablement les formes prescrite par la loi étrangère qu'autant qu'elles sont les mêmes qu'en droit français.

Si cet engagement unilatéral est pris par un étranger, celui-ci contracte régulièrement en suivant les formes usitées dans son pays, et le Français au profit de qui l'obligation est contractée, peut valablement l'invoquer devant les juges français.

Il faut remarquer que l'observation rigoureuse des formes

s'entend seulement de celles qui, en vertu de la loi française, sont essentielles à la validité du contrat.

S'il s'agit d'un contrat synallagmatique passé entre deux étrangers, il est incontestable que l'acte est valable entre eux même en France, par cela seul qu'ils ont suivi, quant aux formes, la loi du lieu où cet acte a été passé.

La question est plus délicate si l'acte synallagmatique a été passé entre un Français et un étranger. Dans ce cas l'inobservation des formes essentielles, prescrites par la loi française, rend l'acte *nul* devant les tribunaux français; mais l'acte devient ainsi nul entre les deux parties et ne pourrait être invoqué par la partie étrangère contre la partie française : il doit être annulé ou maintenu pour le tout.

Il est admis, en matière de change, que les acceptations et les endossements consentis par des étrangers, sont valablement donnés suivant les formes usitées dans le pays où sont signés les acceptations et les endossements.

On observe la règle suivante pour déterminer, en matière commerciale, quel est le pays dont les formes légales doivent être suivies, lorsqu'il s'agit d'un engagement qui se négocie par correspondance ou par l'entremise d'un commis voyageur : le lieu du contrat est celui où l'engagement est devenu définitif par l'accord des parties, et c'est la loi de ce lieu qui règle les formes du contrat.

Les règles précédentes reçoivent notamment leur application en matière de publication de contrat de mariage. Cette publication est exigée de tous ceux qui créent un établissement commercial en France, sans distinguer si le mariage a été ou non célébré en France, ni même si les époux commerçants sont Français ou étrangers. Si, au contraire, l'établissement commercial est fondé en pays étranger, et que les époux y aient leur domicile, le défaut de publication, lorsqu'elle n'est pas exigée par la loi étrangère, n'est pas opposable aux Français eux-mêmes.

Les effets des actes passés en pays étrangers, lorsque ces actes doivent être exécutés dans un pays autre que celui où ils ont été passés, s'apprécient suivant des règles particulières. En effet, un contrat peut être licite dans le pays où il a été passé et ne pas l'être dans celui où l'on en poursuit l'exécution. Dans ce cas l'exécution doit être refusée. Ainsi les loteries n'étant admises en France qu'autant qu'elles ont été autorisées, les tribunaux français refusent toute action en paiement de billets pris dans une loterie étrangère.

Tout au contraire, un acte considéré comme illicite dans un pays, peut être déclaré valable dans un autre. La question a été posée relativement à la contrebande, et l'on s'est demandé si l'on ne devait pas valider un engagement relatif à la contrebande, lorsque l'exécution en est poursuivie dans un pays autre que celui où la contrebande doit s'exercer. Les tribunaux anglais sont unanimes à sanctionner ces contrats. En France, la question est restée douteuse.

Le taux de l'intérêt légal est déterminé par la loi du lieu du contrat. Dans l'Etat de New York, le taux légal est de 6 pour cent par année. Il varie suivant les différents Etats, de 6 à 10 pour cent. Il y a même certains Etats où l'usure n'est atteinte par aucune pénalité.

PAIEMENT DES EFFETS. — Des traites à vue sont payables à présentation sans délai, et donnent droit à un intérêt légal après la présentation, à moins de stipulations contraires. Un endosseur d'un billet à présentation n'est engagé par son endossement que pendant un temps limité, qui varie suivant les Etats.

Un billet négociable doit être fait payable au porteur, ou régulièrement endossé par le bénéficiaire. Si l'endosseur veut éviter la responsabilité, il peut endosser *sans recours* (*without recours*).

Un billet solidaire, joint note, est signé par deux ou plusieurs personnes, dont chacune devient responsable du montant intégral.

Trois jours de grâce sont accordés pour le paiement de tout billet à terme ; s'il n'est pas payé à l'époque fixée, l'endosseur, s'il y en a un, devra être légalement prévenu afin de devenir responsable.

Les billets échéant le dimanche ou un jour de fête légale, doivent être payé la veille.

Les billets datés du dimanche sont nuls.

Les billets sont également nuls s'ils ont été souscrits par des mineurs, ou s'ils ont été changés ou altérés par celui qui en est le détenteur.

Le signataire d'un billet perdu ou volé n'est pas dégagé du paiement, si le montant et le droit du propriétaire peuvent être dûment établis.

Un endosseur a recours contre tous ceux qui ont endossé avant lui.

Les dépôts d'argent dans une banque, portés au crédit de ceux qui les ont faits, peuvent toujours être retirés contre chèque du montant intégral.

PROTÊT. — Un protêt doit être fait faute d'acceptation ou de paiement d'une lettre de change, billet à ordre, etc., lorsqu'il y a des endosseurs seulement. Notice doit en être donnée immédiatement aux endosseurs, pour les tenir responsables.

PRESCRIPTION. — Il y a prescription après vingt ans :
Pour toute action immobilière ;
Pour tous jugements obtenus dans une cour des Etats-Unis, ou une cour d'Etat et de Territoire ; mais l'hypothèque résultant des jugements ne dure que dix ans ;
Pour tous actes, contrats et conventions portant la signature et le sceau des parties.
Sont prescrit après six ans :

Hotel & Restaurant Frascati

6 OUEST 28me RUE

Entre 5me Avenue et Broadway.   NEW YORK

MAISON FRANÇAISE DE PREMIER ORDRE.

Appartements pour Familles. Chambres à prix très modérés.

LUNCH, 50c. DINER, $1

Vin et Café inclus.

A LA CARTE A TOUTE HEURE

JOSEPH TIBESAR, Prop.

Toutes actions fondées sur contrat, obligation, etc., autres que celles énoncées précédemment.

Tous billets, lettres de change, reconnaissance, etc. ;

Toute action mobilière, action pour adultère en dommages-intérêts, action pour fraude (la prescription ne court que du moment où la fraude a été découverte).

Il y a prescription après deux ans de toutes causes, pour diffamation, calomnie, coups et blessures, emprisonnement illégal.

LOYERS. — Le propriétaire n'a pas de privilège sur les meubles du locataire à raison de son loyer; il ne peut l'empêcher de déménager, ni saisir les meubles, avant d'avoir obtenu un jugement pour le loyer échu.

Toutes conventions pour l'occupation de terrains, maisons ou appartements dans la ville de New-York, dont la durée n'est pas déterminée, sont valides jusqu'au 1er mai qui suit la date de la prise de possession, et, à moins de convention contraire, le loyer est payable le jour des termes, suivant la coutume de la ville de New-York, c'est-à-dire les premiers de chaque mois.

Lorsque l'occupation est soumise simplement à la volonté du propriétaire, il peut la faire cesser en prévenant le locataire par écrit, un mois à l'avance, de son intention à cet égard.

Tous les baux dont la durée est de plus d'une année doivent être fait par écrit et signés des parties, sous peine de nullité.

Ceux dont la durée est de plus de trois ans doivent être reconnus devant un *Commisioner of Deeds* ou toute autre personne compétente et ensuite enregistrés (*recorded*) à l'office du clerc du comté dans lequel se trouvent situés les immeubles loués. En cas d'omission, ils peuvent être annulés en faveur de tous subséquents acquéreurs de bonne foi.

Néanmoins, il est quelques comtés dans l'Etat de New-York où il n'est pas nécessaire de faire cette transcription.

Tout locataire peut être dépossédé des lieux qu'il occupe s'il exerce un commerce autre que celui qui est spécifié dans son bail ou pour cause de retard dans le paiement de son loyer.

Un propriétaire n'est pas forcé de faire les réparations dont sa maison a besoin, pas même pour les gros murs ou le toit, s'il n'y a pas une convention formelle à cet égard.

SERVICE GÉNÉRAL DES POSTES.

ÉTATS-UNIS. — CANADA. — MEXIQUE.

Le grand bureau central des Postes à New York est le Post Office, situé au coin de Broadway et de Park-Row; il est ouvert au public jour et nuit.

Les bureaux auxiliaires, dont les noms suivent, sont ouverts de 7 heures du matin à 8 heures du soir; les dimanches, de

A. BONNET

IMPORTATEUR DE

Vins, Liqueurs et Cigares

AGENCE DU BYRRH

53 OUEST 30ME RUE

NEW YORK

HOTEL DE VULDER

FORT LEE, NEW JERSEY

MAGNIFIQUE VUE SUR L'HUDSON

JOLIES CHAMBRES

Arrangements pour Familles

TABLE D'HÔTE DE PREMIÈRE CLASSE

Prendre le bateau qui part du pied de Canal Street à 10 h. A. M. et toutes les heures, ou le Ferry de la 125me Rue toutes les 40 minutes.

9 à 11 heures du matin, et les jours fériés (*holidays*) de 7 à 10 heures du matin.

Station A............................21 E. Houston St.
" B.................................382 Grand St.
" C.................................583 Hudson St.
" D............................9th St. et Stuyvesant.
" E........................322, 324 Seventh Avenue.
" F...............................401 3d Avenue.
" G................................1661 Broadway.
" H...............................156 E. 54th St.
" J.........................8th Avenue et 123d St.
" K...............................203 E. 86th St.
" L...............................117 E. 125th St.
" M........................10th Avenue et 158th St.
" P....Produce Exchange, Whitehall et Stone St.
" R........................150th St. et 3d Avenue.
" S....Riverdale Avenue, près du chemin de fer.
" T...............Tremont, 719 Tremont Avenue.

Affranchissements.

Les affranchissements sont divisés en quatre catégories ou classes :

1re *classe*. — *Lettres*. — Cette catégorie comprend toutes les lettres ayant le caractère de correspondance personnelle, manuscrits, enfin, toutes matières renfermées dans des enveloppes fermées ou cachetées ; pour les Etats-Unis, le Canada et le Mexique, 2 cents par once ou fraction d'once.

2e *classe*. — *Journaux*. — Cette classe comprend les journaux quotidiens et les publications périodiques, paraissant au moins tous les trois mois ; 1 cent par 4 onces ou par fraction au-dessus. Pour les Etats-Unis on peut envoyer n'importe quelle quantité ; pour le Canada et le Mexique, le poids maximum est 4 livres et 6 onces.

3e *classe*. — *Imprimés divers*. — Cette catégorie renferme les livres imprimés, les journaux et revues ne paraissant pas à date fixe ; les circulaires, gravures, lithographies, épreuves d'imprimerie, accompagnées du manuscrit ; 1 cent par 2 onces ou par fraction au-dessus. Les paquets doivent être enveloppés de façon que l'on puisse en reconnaître la nature, sans être obligé d'en déchirer l'enveloppe.

4e *classe*. — Cette classe se compose de tous les articles qu'on ne peut classer dans une des catégories précitées et que l'on peut vérifier sans les développer. Les marchandises, échantillons, etc., paient 1 cent par once ou par fraction, excepté les graines, les racines et les plantes, qui sont taxées 1 cent par 2 onces. Les objets susceptibles de détériorer les sacs de la poste ne sont pas admis. S'informer au guichet No. 22 du Post Office,

 BOUCHERIE FRANÇAISE

LAFAYETTE FRENCH MEAT MARKET

438 7me AVENUE

Près la 34me Rue   NEW YORK

ALBERT FRANK, Prop.

MAISON FONDÉE EN 1868

S. A. LUDIN

471 & 473 11me Avenue

Au coin de la 38me Rue   NEW YORK

EAUX MINÉRALES DE TOUTE SORTE

IMPORTÉES ET FABRIQUÉES EN AMÉRIQUE

Rendues à domicile dans toutes les parties de New York et de Brooklyn. Les familles peuvent envoyer leurs commandes par la poste.

On ne demande aucun dépôt sur les siphons. Fabrication, système français. Les consommateurs qui désirent l'Eau de Seltz comme en France sont priés de demander du CARBONIC.

HONNEUR · AUX · ARMES !

Ma nouvelle Salle d'Armes située dans le Broadway Theatre, 1441 Broadway, ayant été entièrement reconstruite et embellie sous tous les rapports, les amateurs d'escrime y trouveront tout le confortable : Bains, Douches, Eau Chaude et Froide, Fumoir, Dressing-room, Elevator, etc. (Classes séparées pour dames.) **La seule Salle d'Armes connue à New York depuis 14 ans.**

Assortiment complet d'articles d'escrime. — On demande des prévôts. Se présenter à 8 h. du soir.

RÉGIS SÉNAC, Champion d'armes.

sous quelles formes et dans quelles conditions les articles suivants peuvent être expédiées : acides, essences et parfums, fruits, légumes, vins, spiritueux, etc.

TARIF DES MANDATS-POSTE (MONEY ORDERS).

Pour toute somme n'excédant pas $5........ 5 cents.
Au-dessus de $ 5 et n'excédant pas $ 10..... 8 cents.
Au-dessus de $10 et n'excédant pas $ 15..... 10 cents.
Au-dessus de $15 et n'excédant pas $ 30..... 15 cents.
Au-dessus de $30 et n'excédant pas $ 40..... 20 cents.
Au-dessus de $40 et n'excédant pas $ 50..... 25 cents.
Au-dessus de $50 et n'excédant pas $ 60..... 30 cents.
Au-dessus de $60 et n'excédant par $ 70..... 35 cents.
Au-dessus de $70 et n'excédant par $ 80..... 40 cents.
Au-dessus de $80 et n'excédant par $100..... 45 cents.

On peut obtenir un mandat-poste pour n'importe quelle somme, depuis 1 cent à 100 dollars inclusivement, mais pas de fraction de cent.

REMARQUE. — Il est positivement défendu à une seule personne de faire faire trois mandats-poste le même jour, payable à un même bureau et à la même personne.

L'envoyeur doit, dans tous les cas, écrire ses noms et prénoms en toutes lettres. Quand les noms du destinataire sont connus, ils doivent être écrit en toutes lettres, sinon les initiales suffiront.

Les noms des villes et des rues, ainsi que les sommes et chiffres, doivent être lisiblement écrits, en toutes lettres. Un mandat-poste ne peut être payable à plus d'une personne.

Comme il y a un grand nombre de localités portant le même nom aux Etats-Unis, il est important pour l'expéditeur de spécifier clairement le nom de l'Etat et quelquefois du comté dans lequel elle se trouve.

BILLETS DE POSTE (MONEY NOTES).

Pour toute somme inférieure à 5 dollars des bons de postes sont émis au prix de 3 cents, payables dans tous les bureaux de poste. Les bons perdent leur valeur s'ils ne sont pas présentés avant trois mois à dater de la fin du mois de leur émission.

CARTES POSTALES.

1 cent pour les États-Unis, le Canada et le Mexique. On ne retourne pas à l'expéditeur les cartes non délivrées. Si on colle quelque chose sur une carte-postale, elle est considérée comme lettre ordinaire.

LETTRES RECOMMANDÉES.

En plus de l'affranchissement ordinaire, surtaxe de 10 cents sur lettre ou objet recommandé.

NOTES COMPLÉMENTAIRES.

1. Il n'est pas tenu compte des lettres non affranchies.
2. Les timbres, les cartes-postales, les enveloppes timbrées, les lettres-enveloppes sont en vente dans tous les bureaux de poste et chez la plupart des pharmaciens.
3. Les facteurs font journellement 12 distributions, les lettres ne sont pas délivrées le dimanche ; les boîtes aux lettres, suivant les quartiers, sont levées de 17 à 25 fois par jour, et 4 fois seulement les dimanches et jours de fête.
4. Les lettres portant des indications inexactes ou de fausses adresses, sont envoyées au bureau des rebuts (*Dead Letter Office*) à Washington, où elles sont ouvertes et brûlées ; si elles renferment des valeurs elles sont retournées à l'expéditeur.
5. La liste des lettres françaises et espagnoles, adressées à New York et dont les destinataires n'ont pu être trouvées, est publiée tous les vendredis matin dans les journaux français, et affichée, en outre, dans le bureau central et les bureaux auxiliaires. Pour en obtenir livraison, le destinataire doit s'adresser au Post Office, bureaux des lettres annoncées (*Advertised Letters Office*), indiquer la date de la liste et le numéro de la lettre, et payer un cent pour frais d'annonce.
6. Toutes plaintes verbales concernant les lettres, objets égarés ou perdus, doivent être adressées au bureau No. 14, au deuxième étage ; les réclamations par écrit doivent être adressées au directeur général de la Poste. Dans le cas où il s'agit d'un paquet détérioré, qui a passé par la poste, l'enveloppe ou couverture doit être conservée et présentée en même temps que la réclamation.

Les plaintes concernant les facteurs doivent être faite au surintendant général de la "*City Delivery*," chambre No. 5, au deuxième étage.

7. *Changement de domicile.* — Si l'on vient à changer d'adresse, pour faire diriger sa correspondance à son nouveau domicile, il faut faire une déclaration sur une feuille imprimée à cet effet au bureau de poste de son quartier, ou écrire directement au directeur général de la Poste (*Post Office*).

VILLE DE NEW YORK.

L'affranchissement des lettres pour la ville de New York est le même que pour les Etats-Unis.

LETTRES PRESSÉES (IMMEDIAT DELIVERY).

Ces lettres sont envoyées immédiatement par des messagers spéciaux ; timbre spécial de 10 cents en plus de la taxe régulière.

France et Union Postale Universelle.

Font partie de l'Union Postale, l'Europe entière, l'Algérie, Maroc, Russie d'Asie et Turquie d'Asie (y compris l'Hedjaz et l'Yémen en Arabie), Perse, Chine, Japon, Siam, Etats-Unis de l'Amérique du Nord, Terre-Neuve, îles Sandwich, Brésil, République Argentine, Paraguay, Urugay, Chili, Pérou, Equateur, Vénézuéla, Colombie, Guatemala, Nicaragua, Honduras, Saint-Domingue, Haïti, Salvador, Costa-Rica. Colonies danoises, espagnoles, néerlandaises, portugaises en totalité. Indes Britanniques et bureaux indiens en Asie, à Aden et à Zanzibar; colonies anglaises en Asie, en Afrique, (moins le Cap, Natal, Ascension et Sainte-Hélène), en Amérique et aux Antilles; Liberia.

1. Lettres ordinaires, 5 cents par demi once, ou 25 cents par 15 grammes.

2. Journaux, circulaires, morceaux ou partitions de musique, gravures, photographies et livres et toutes matières imprimées, papiers d'affaires, 1 cent par 2 onces ou 5 cents par 50 grammes.

Maximum du poids pour la France, 2 kilos, pour les Etats-Unis, 4 livres et 6 onces.

Les livres nouveaux, envoyés d'Europe en Amérique sont sujets aux droits de douane.

Les livres publiés depuis plus de vingt ans, ou livres brochés qui ont servi, peuvent être envoyés comme échantillons sans payer de droits. Déclaration doit être faite sur l'enveloppe.

3. Echantillons divers, 1 cent par 2 onces ou 5 cents par 50 grammes. Les paquets d'échantillon pour l'Angleterre, la Belgique, la France et la Suisse ne doivent pas excéder le poids de 12 onces et avoir comme dimension, 12 pouces de longueur, 8 de largeur et 4 d'épaisseur.

4. Cartes postales, 2 cents.

LETTRES NON AFFRANCHIES.

Les lettres de, ou pour les pays étrangers, faisant partie de l'Union postale, ou assimilés aux pays de l'Union, insuffisamment affranchies, sont seulement taxées au double de l'insuffisance, pourvu, toutefois, que les timbres-poste employés soient ceux du pays d'origine de ces lettres. Les timbres-poste français, apposés sur une lettre insuffisamment affranchie de l'étranger pour la France, sont admis en déduction de la taxe. Quant aux autres objets de correspondance, ils ne sont pas expédiés, s'ils ne sont affranchis au moins partiellement.

Les lettres non affranchies sont taxées 10 cents par demi-once ou 50 cents par 15 grammes.

DIRECTION DES CORRESPONDANCES.

En règle générale, les correspondances pour l'extérieur et pour les pays d'outre-mer sont dirigées selon le vœu des voyageurs, lorsque l'adresse porte l'indication d'une voie dont l'administration est autorisée à faire usage.

A défaut de cette indication, les correspondances sont acheminée, savoir:

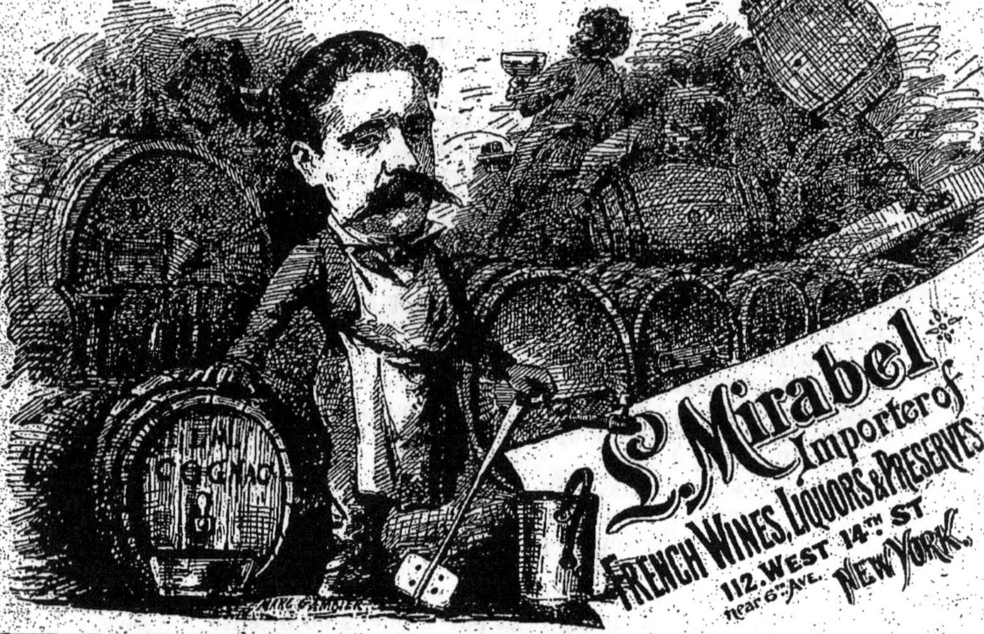
L. Mirabel
Importer of
FRENCH WINES, LIQUORS & PRESERVES
112. WEST 14TH ST
near 6TH AVE.
NEW YORK.

A. Leblanc,
RESTAURANT FRANCAIS
À LA CARTE.
Diner régulier: 50 c., Vin et Café compris.
127 BLEECKER ST.,
Near Wooster,
NEW YORK.

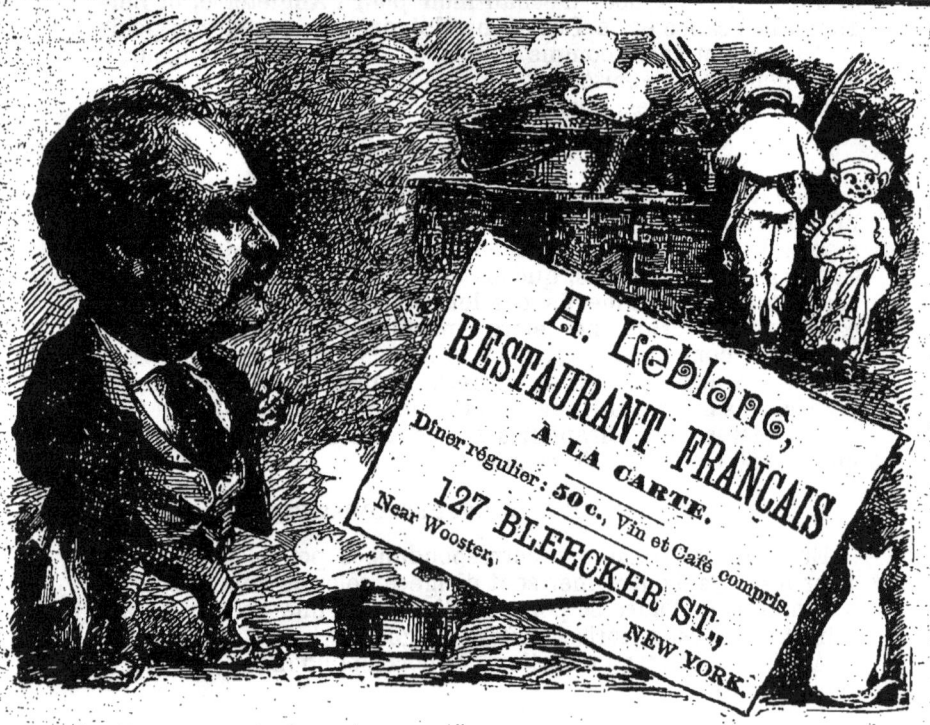

Celles affranchies, par la voie la plus prompte que comporte l'affranchissement.

Celles non affranchies, par la voie la plus prompte également, s'il existe plusieurs voies n'impliquant pas l'affranchissement obligatoire.

TARIF DES MANDATS INTERNATIONAUX (INTERNATIONAL MONEY ORDERS)

Pour toute somme n'excédant pas $10 ...... 10 cents.
Au-dessus de $10 et n'excédant pas $20 ..... 20 cents.
Au-dessus de $20 et n'excédant pas $30 ..... 30 cents.
Au-dessus de $30 et n'excédant pas $40 ..... 40 cents.
Au-dessus de $40 et n'excédant pas $50 ..... 50 cents.

Le maximum d'un mandat international pour les Etats-Unis est de 50 dollars. Le délai de prescription pour le paiement est indéfini. Pour la France le maximum est de 500 fr. Le délai de prescription pour le paiement est de huit ans.

L'expéditeur doit, dans tous les cas, écrire ses nom et prénoms en toutes lettres. Quand les noms du destinataire sont connus, ils doivent être écrits en toutes lettres, sinon les initiales suffisent.

L'enregistrement et le paiement des mandats internationaux se font au Post Office, deuxième étage, Broadway, de 10 heures du matin à 6 heures de l'après-midi, guichets Nos. 11 et 12.

LETTRES RECOMMANDÉES.

On désigne comme recommandée ou enregistrée, l'inscription d'une lettre ou de tout autre objet sur un registre spécial et à souche, duquel il est détaché un reçu ou bulletin de dépôt, remis à l'expéditeur.

Les objets ou lettres recommandées sont enregistrés de 8 heures du matin à 6½ heures du soir ; le dimanche, de 9 à 11 heures du matin, au premier étage du Post Office, côté de Park Row.

Pour toutes lettres ou objets enregistrés, timbre de 10 cents en plus de l'affranchissement.

La livraison des lettres chargées a lieu au même bureau, de 9 heures du matin à 6 heures de l'après-midi ; les dimanches, de 9 à 11 heures du matin.

En cas de perte d'un objet recommandé quelconque, il est accordé soit à l'envoyeur, soit au destinataire, une indemnité de 50 francs. Toutefois, certains pays comme les Etats-Unis, le Brésil, n'accordent pas encore d'indemnité, et réciproquement, la France *n'en paie aucune* pour la perte des objets recommandés, originaires desdits pays.

Cependant, lorsqu'une lettre recommandée, contenant un mandat, n'est pas arrivée à destination, l'envoyeur a le droit de se faire délivrer un duplicata du mandat non payé, pour être réexpédié au pays de destination.

PATISSERIE FRANÇAISE

Georges Verhaeren

SUCCESSEUR DE N. CADUFF

No. 215 6me AVENUE

NEW YORK

CONFISERIE, GLACES

SPÉCIALITÉ DE BRIOCHES

BOUCHÉES, VOL-AU-VENT

Dîners en Ville sur commande.

AVIS IMPORTANT.

MALLE POUR LA FRANCE ET LES PAYS ÉTRANGERS.

La clôture des malles étrangères est publiée chaque jour dans le *Courrier des Etats-Unis* et affichée au Post Office et dans tous les bureaux de poste. Cet avis officiel doit être lu par les intéressés avec la plus grande attention, car des changements peuvent se produire très fréquemment.

Il n'est pas besoin d'indiquer sur les lettres expédiées en Europe le nom d'un steamer spécial, pour en assurer l'envoi rapide à destination, excepté lorsqu'on désire envoyer des papiers de commerce et de banque. Toutes les matières postales sont expédiées par les steamers les plus rapides en partance.

TÉLÉGRAPHES.

ÉTATS-UNIS.

Les télégraphes aux États-Unis, comme les chemins de fer, sont exploités par des compagnies qui établissent leurs tarifs comme elles l'entendent.

Les deux principales compagnies sont la Western Union et la Postal Telegraph Co. Ces compagnies ont des bureaux dans les principaux hôtels de la ville, les bureaux de poste et toutes les gares de chemins de fer.

Dans les dépêches envoyées par les lignes ci-dessus désignées, on ne paie pas pour les mots employés dans la date et l'adresse du destinataire. Les chiffres doivent être écrits en lettres.

Voici à titre de renseignement, le tarif ordinaire d'un télégramme de 10 mots, envoyé de New York aux principales villes des Etats-Unis.

Pour la ville de New York, 15 cents les 10 mots, 1 cent pour chaque mot en plus.

De New York à Brooklyn . . . . 20 cents.
    "   "   Philadelphie . . . . . . 20 "
    "   "   Baltimore . . . . 25 "
    "   "   Boston . . . . 25 "
    "   "   Pittsburg . . . . 25 "
    "   "   Washington . . . . . . 25 "
    "   "   Chicago . . . . 40 "
    "   "   Cincinnati . . . . 40 "
    "   "   Montréal . . . . 40 "
    "   "   Québec . . . . 40 "
    "   "   Saint Louis . . . . . . 40 "
    "   "   Omaha . . . . 50 "
    "   "   La Nouvelle-Orléans . . 60 "
    "   "   San Francisco $1 00

Pour chaque mot additionnel, l'augmentation est de 2 cents à 4 cents, selon les distances.

Hotel Griffou

19, 21 & 22 WEST 9th STREET

Près de la 5e Ave.   NEW YORK

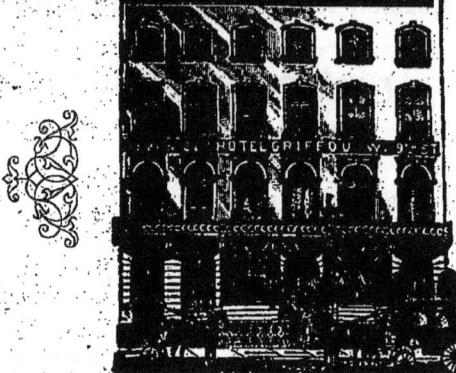

Chambre, table et service de premier ordre, depuis $2 par jour.— Arrangements à la semaine.

APARTEMENTS POUR FAMILLES

PRIX MODÉRÉS

Restaurant

TABLE D'HOTE SANS RIVALE

DINER de 6 heures à 8½ heures, 75 cents.

Voici la liste des bureaux qui sont ouverts jour et nuit :

Bureau central, coin de Broadway et Dey Street ; 599 Broadway, près Houston ; 791 Broadway, près la 10e rue ; 3 West 23e rue, en face l'Hôtel de la Cinquième Avenue ; 1227 Broadway, près de la 29e rue ; 819 6e Avenue, près la 47e rue ; 166 East 125e rue.

TÉLÉGRAMMES DE NUIT (NIGHT MESSAGES).

Les télégrammes confiés à ces compagnies, pour être expédiés à n'importe quelle heure de la nuit et être délivrés le lendemain matin ne coûtent que moitié prix, cependant ils ne peuvent coûter moins de 25 cents. Ce tarif n'est donc avantageux que pour les localités très éloignées.

N. B. — Les prix ci-dessus ne sont pas fixes. Ils sont, au contraire, sujets à des modifications fréquentes en raison de la concurrence que les compagnies de télégraphe se font entre elles.

CABLES TRANSATLANTIQUES.

Les quatre lignes de cables transatlantiques communiquant directement ou indirectement avec l'Europe sont les suivantes :

1° French Atlantic Cable (Compagnie Pouyer-Quertier) à New York, 34 Broad Street, bureau ouvert jour et nuit ; et 11 East 14th Street, ouvert tous les jours de 8 heures du matin à 7 heures du soir ; les jours fériés de 10 heures à 1 heure et de 4 heures à 6 heures ; bureaux à Brest : 35 rue Saint-Yves ; à Paris : 53 rue de Chateaudun.

2° Commercial Cable Co. (Cable Mackay-Bennett, executive office, 1 Broadway ; bureaux à New York : 1 Drexel Building, Stock Exchange, Herald Building, 9 Beaver Street, 442 Broome Street, et Hoffmann House ; au Hâvre : 112 Boulevard de Strasbourg ; à Paris : 26 Avenue de l'Opéra.

3° Central Cable Office (Western Union), 16 Broad Street, et 195 Broadway.

4° Direct United States Cable Co., 40 Broadway.

La Central & South American Telegraph Company, bureaux : 37 et 39 Wall Street, et 195 Broadway, met New York en communication directe avec l'Amérique Centrale et l'Amérique du Sud.

Par une convention entre les quatre Compagnies, à dater du 1er septembre 1888, le tarif d'un cablegramme pour tous les pays a été établi comme suit :

TARIF DE NEW YORK POUR :

	PAR MOT.
La France, l'Angleterre, l'Irlande et l'Allemangne	$0.25
Afrique.—Assab (dépêche chiffrée non autorisée)	1.19
Massowah " " " "	1.21

Afrique—Algérie et Tunisie............................ 0.33
   "   "   via Eastern............................ 0.52
   Les dépêches pour Benghazi peuvent être envoyées
      à Malte.
Egypte.—Alexandrie..................................... 0.58
   Caire, Port Said, Stations du Canal de Suez et Basse
      Egypte.. 0.63
   Suakim, par le Cable de la Mer Rouge............... 0.86
   Maroc.—Tangiers....................................... 0.45
      Les dépêches pour les autres localités peuvent
         être envoyées à Tangiers
   Tripoli (dépêche chiffrée non autorisée)............ 0.53
Afrique (Sud)—Zanzibar................................. 2.15
   Mozambique et Delagoa Bay........................... 2.41
   Natal—Durban... 2.39
   Colonie du Cap et Griqualand West................... 2.43
   Etat Libre d'Orange et Transvaal.................... 2.43
Afrique (Côte de l'Ouest)—Sénégal, via Cadiz et Canaries 2.03
   Sénégal, via Lisbonne et Saint-Vincent.............. 2.15
   Badhurst, via Cadiz et Canaries..................... 1.70
      "   via Lisbonne et Saint-Vincent.............. 1.70
   Bolama, via Cadiz et Canaries....................... 2.13
      "   via Lisbonne et Saint-Vincent.............. 2.46
   Bossao, via Cadiz et Canaries....................... 2.13
      "   via Lisbonne et Saint-Vincent.............. 2.46
   Conakry, via Cadiz et Canaries...................... 2.19
      "   via Lisbonne et Saint-Vincent.............. 2.52
   Sierra Leone, via Cadiz et Canaries................. 1.90
      "   via Lisbonne et Saint-Vincent.............. 1.90
   Accra, via Cadiz et Canaries........................ 2.21
   Cape Coast Castle, via Cadiz et Canaries............ 2.25
      "   via Lisbonne et Saint-Vincent.............. 2.25
   Elmina, via Cadiz et Canaries....................... 2.25
      "   via Lisbonne et Saint-Vincent.............. 2.25
   Winnebah Salt Pond, via Cadiz et Canaries........... 2.25
      "   via Lisbonne et Saint-Vincent......... 2.25
   Grand Bassam, via Cadiz et Canaries................. 2.39
      "   via Lisbonne et Saint-Vincent.............. 2.94
   Porto Novo, via Cadiz et Canaries................... 2.86
      "   via Lisbonne et Saint-Vincent.............. 3.15
   Lagos, via Cadiz et Canaries........................ 2.41
      "   via Lisbonne et Saint-Vincent.............. 2.41
   Brass, via Cadiz et Canaries........................ 2.62
   Bonny, via Cadiz et Canaries........................ 2.62
      "   via Lisbonne et Saint-Vincent.............. 2.62
   Salt Pond, via Cadiz et Canaries.................... 2.25
   San Thomas, via Cadiz et Canaries................... 3.01
      "   via Lisbonne et Saint-Vincent.............. 3.19
   Principe, via Cadiz et Canaries..................... 3.21
      "   via Lisbonne et Saint-Vincent.............. 3.33

Afrique—Gabon, via Cadiz et Canaries.................. 3.17
      " via Lisbonne et Saint-Vincent........... 3.27
  Loanda, via Cadiz et Canaries...................... 3.78

Europe, Asie, Australasie, etc.
Annam, via Eastern ou Indo (dépêche chiffrée non autorisée).
  Thuan-an, Hué et tous les autres bureaux............ 1.80
      "   " via Northern......................... 2.78
Arabie.—Aden et l'Ile Périm......................... 1.17
  Djedda, Mecca et tous les Hodjaz. Dépêche chiffrée non autorisée................................... 1.17

Australie, via Eastern ou Indo.
  Nouvelle Galles du Sud............................ 2.58
  Queensland....................................... 2.64
  Australie du Sud et de l'Ouest et Victoria........... 2.54
  Tasmanie... 2.68
    Les dépêches pour l'Ile de l'Ascension peuvent être envoyées à Madère ou Lisbonne.

Autriche, Hongrie.................................. 0.36
    Les dépêches pour les Azores peuvent être envoyées à Lisbonne.
Iles Baleares—Comme pour l'Espagne.
Belgique... 0.31
Beloochistan (Sud).
  Gwadur et tous les autres bureaux sur la côte...... 1.17
    "   "   "   "   " via Bombay 1.41
Beloochistan (Nord).—Comme pour l'Inde.
Bokhara.. 0.74
  Bornéo.—Les dépêches peuvent être envoyées à Singapore.
Bosnie, Herzégovine (dépêche chiffrée non autorisée)... 0.37
Bulgarie... 0.39

Burmah, Haut et Bas. Via Eastern ou Indo :
  Mandalay, Rangoon et tous les bureaux à l'est de Chittagong..................................... 1.37
  Mandalay, Rangoon et tous les bureaux à l'est de Chittagong, via Panang......................... 1.94
Iles Canarie.—Teneriffe, Palma et Grande Canarie..... 0.72
Iles du Cap Vert—Saint-Vincent..................... 1.23
  "   "   " Saint-Jago....................... 1.46
Ceylan, via Eastern or Indo.......................... 1.37
Chine, via East, Indo ou Northern (Sibérie).
  Amoy, Foochow, Gutzlaff, Hong Kong et Shanghaï. 1.99
  Canton et Macao.................................. 2.09
  Tous les autres bureaux, les Iles Formose et Pescadora inclues................................. 2.39
Cochin-Chine, via Eastern or Indo.................... 1.64
      " via Northern (Sibérie)............. 2.60

HOTEL MARTIN

Voitures et Coupés

C. & R. VAN COTT

REMISES:

No. 114 CLINTON PL., NEW YORK

H. RIEKEN.   F. W. LUERSSEN

RIEKEN & LUERSSEN

Pharmaciens-Chimistes

PRIX MODÉRÉS

Ordonnances préparées avec soin

Apportez votre ordonnance et venez prendre notre prix.

69 6TH AVENUE

Entre Washington et Waverly Place.   NEW YORK

Corée, via Northern (Sibérie).
   Fusan, du Japon par cable............................ 2.56
   Séoul, du Japon par cable............................ 2.76
   Fusan, de la Chine par terre........................ 2.78
   Séoul et les autres bureaux, de la Chine par terre... 2.56
Corée, via Eastern ou Indo.
   Fusan, du Japon par cable............................ 3.27
   Séoul, du Japon par cable............................ 3.27
   Fusan, de la Chine par terre........................ 2.78
   Séoul et les autres bureaux, de la Chine par terre... 2.56
Corfu... 0.39
Corsica... 0.25
Cyprus.. 0.58
Danemark.. 0.35
   Iles Falkland. Les dépêches peuvent être envoyées à Montevideo.
   Iles Formose.—Voir Chine.

Gibraltar... 0.43
Grèce et ses Iles..................................... 0.40
Iles Heligoland....................................... 0.38
Herzégovine, dépêche chiffrée non autorisée........... 0.37
Hollande.. 0.33
Hongrie... 0.36
Indes, via Eastern ou Indo............................ 1.31
Italie, Sicile, Sardines.............................. 0.34
Japon, via Northern (Sibérie).
   Teushima, du Japon par cable........................ 2.56
   Tous les autres bureaux............................. 2.21
Japon, via Eastern ou Indo.
   Tsushima, du Japon par cable........................ 3.27
   Tous les autres bureaux............................. 2.86
Java, via Eastern ou Indo............................. 1.92
Lubuan.—Envoyez les dépêches à Singapore.
Luxembourg.. 0.31
Madère.. 0.64
Peninsule Malaise, via Eastern ou Indo.
   Malacca... 1.78
   Selangor et Sungle Ujong............................ 1.88
Malta... 0.39
Iles Maurices.—Les dépêches peuvent être envoyées à Aden ou Durban.
Monténégro (dépêche chiffrée non autorisée)........... 0.37
Nouvelle Zélande, via Eastern ou Indo................. 2.82
Norwège... 0.35
Penang, via Eastern ou Indo........................... 1.62
Ile Perim... 1.17
Perse.—Bushire, Golf Persique......................... 0.86
   "   Jask,   " 1.17
Iles Pescadora, Makong. Voir Chine.

E. J. RANHOFER

DENTISTE

227 W. 34th Street

Près de la 7me Avenue   NEW YORK

RESTAURANT FRANÇAIS

F. TELLIER

en face du Club-House à

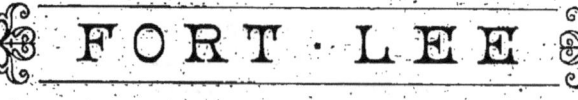

FORT·LEE

NEW JERSEY

CUISINE BOURGEOISE

Salles pour parties privées.   Chambres Meublées.

Iles Philippines, via Eastern, Indo ou Northern (Sibérie).
.Luzon. Manilla et tous les bureaux... 2.46
Portugal... 0.39
Roumanie (dépêche chiffrée non autorisée)... 0.37
Russie d'Europe... 0.43
Russie d'Asie (Sibérie).
   1re région ouest de Werkhne Oudinsk... 0.68
   2me région est de Werkhne Oudinsk... 0.90
Sainte-Helène.—Envoyez les dépêches à Madère.
Sardaigne... 0.34
Serbie (dépêche chiffrée non autorisée)... 0.37
Iles Seychelle. Les dépêches peuvent être envoyées à Aden.
Siam, via Eastern ou Indo.
   Bangkok et tous les bureaux via Moulmein... 1.43
   "   "   "   "   via Saïgon... 1.76
Singapore, via Eastern ou Indo... 1.82
Amérique du Sud, de Lisbonne par cable.
   Brasil—Pernambuco... 1.97
      Fortaleza, Maranham, Para et tous les autres bureaux entre Pernambuco et Para (Région du Nord) 2.66
Uruguay—Montevideo, etc... 2.50
République Argentine, Buenos Ayres, etc... 1.97
Paraguay... 1.97
Chili... 2.41
Bolivie—La Paz... 4.85
   Tous les autres bureaux... 3.39
Perou—Mollendo, Islay, Puno, Arequipa... 4.35
   Lima et Callao... 5.07
   Payta... 5.70
Ecuador—St. Elena et Guayaquil... 6.11
Columbie (Etats Unis de).
   Buenaventura... 6.88
   Colon... 7.19
   Panama... 7.15
   Tous les autres bureaux... 6.92
   Costa Rica... 6.80
   Nicaragua—Jan Juan... 6.74
Espagne.—Barcelone, par cable via France et Marseille. 0.39
Sumatra, via Eastern ou Indo... 1.92
Suède... 0.39
Suisse... 0.31
Tonquin, via Eastern ou Indo (dépêche chiffrée non autorisée).
   Haïphong et tous les autres bureaux... 1.90
   "   "   "   "   via Northern Sibérie 2.64
Turquie en Europe, dépêche chiffrée non autorisée... 0.39

M. SCHALL M. KEPPLER

SCHALL & CO.
61 BARCLAY ST., NEW YORK

Ornements et Garnitures pour Gâteaux

CAKE ORNAMENT N° 1233
DESIGN PATENTED

PATE D'ABRICOT

Pistaches

MARRONS

en bouteille et en boîte.

Jabots et Franges.

FÈVES A LA VANILLE, ETC.

MOULES

en Métal et en Fer-blanc.

BOITES

en papier de 500 différents modèles pour Charlotte Russe Biscuits Glacés, Fruits Glacés, etc.

POIGNÉES ET GARNITURES POUR JAMBONS ET AUTRES.

COULEURS hygiéniques et sans poison DE BRETON, etc.

IMPORTATION DIRECTE DE
FRUITS GLACÉS FRANÇAIS

Par suite d'arrangements faits en France, nous recevons tous les mois des FRUITS GLACÉS frais que nous sommes à même de fournir au **plus bas prix**.

CUBA, ANTILLES, MEXIQUE et AMÉRIQUE-CENTRALE.

Bureaux : 195 Broadway, New York. — Les Antilles, via Cuba.

Un télégramme de New York à la Havane, Cuba, 50 cents par mot. Il y a une surcharge de 40 cents ou 60 cents pour toutes les autres locatités de l'île de Cuba.

Voici le tarif pour les principales villes des Antilles :

	PAR MOT.
Mole Saint-Nicolas, Haïti	$1.71
Jamaïque (Kingston et Holland Bay)	1.35
Porto-Rico, San Juan	2.08
Saint-Thomas	2.17
Sainte-Croix	2.22
Saint-Christopher	2.35
Saint-Kitts	2.35
Antigua	2.41
Guadeloupe, Basse-Terre	2.49
" Pointe-à-Pitre	2.51
" Cap Sterre	2.51
Dominique	2.55
Martinique, Fort de France	2.60
" Saint-Pierre	2.60
Sainte-Lucie	2.66
Saint-Vincent	2.73
Grenade	2.83
Barbades	2.84
Trinidad, Port d'Espagne	2.94
" Pour les autres localités	2.96

AMÉRIQUE CENTRALE.

Bureaux : 195 Broadway, New York, par le cable de l'Amérique-Centrale.

SALVADOR.—La Libertad, 72 cents par mot ; dans les autres bureaux du Salvador, 77 cents par mot.

GUATEMALA. — Dans tous les bureaux du Guatemala, 77 c. par mot.

HONDURAS. — Dans tous les bureaux du Honduras, 77 cents par mot.

NICARAGUA. — San Juan del Sur, 97 cents par mot ; dans les autres bureaux du Nicaragua, $1.02 par mot.

COSTA-RICA. — Dans tous le bureaux de Costa-Rica, $1.02 par mot.

NOTES COMPLÉMENTAIRES.

Le maximum de longueur d'un mot est fixé à 10 caractères.

Tout mot de plus de dix lettres est compté pour deux mots, excepté dans l'adresse.

CHARCUTERIE FRANÇAISE

C. PERCEVAL
100 6me Avenue, New York
[En face de Jefferson Market]

Spécialité de Saucisson de Lyon. — Rôtisserie. — Fromages Importés. — Artichauts.

Succursale, 769 6th AVE. | Telephone Call, 417 21st St.

Fournisseurs des Paquebots Transatlantiques.

Mme. M. SCHERRER

HOMARDS

Grand Choix de Poissons

HUITRES FRAICHES ET SALÉES

187 WOOSTER STREET
NEW YORK

LES ORDRES SONT LIVRÉS A DOMICILE

Les codes télégraphiques doivent toujours pouvoir être écrits en caractères romains.

Les noms propres ne doivent pas y être employés, excepté dans leur signification naturelle.

Quand un cablegramme ne peut parvenir directement, l'expéditeur doit spécifier l'endroit où il doit être confié à la poste. Le prix de l'affranchissement, dans ce cas, est de 37 cents.

Les expressions réunies par un trait d'union sont comptées, pour le nombre de mots qui servent à les former.

Les mots séparés par une apostrophe sont comptés comme autant de mots isolés.

Les exemples suivants indiquent la manière de compter les mots dans les télégrammes :

Responsabilité (14 caractères)	2 mots.
Kriegsgeschichten (17 caractères)	2 "
Inconstitutionnalité (20 caractères)	2 "
Staatswissenschaftlich (22 caractères)	2 "
A-t-il	3 "
Aujourd'hui	2 "
Aujourdhui (écrit sans apostrophe)	1 "
C'est-à-dire	4 "
Seine-et-Marne	3 "
Seineetmarne	2 "
Arc-lès-Gray	3 "
Arclesgray	1 "
Des Lavandières-Ste Opportune (nom de rue)	5 "
Deslavandièressteopportune (nom de rue)	3 "
33 *ter* (numéro de rue)	2 "
Frankfort am Main	3 "
Franfort a/M.	2 "
New South Wales	3 "
Newsouthwales (13 caractères)	2 "
Hyde Park	2 "
Deux cent trente-quatre	4 "
Deuxcenttrentequatre (20 caractères)	2 "
Two hundred and thirty four	5 "
Twohundredandthirtyfour (23 caractères)	3 "

NOMBRES ÉCRIT EN CHIFFRES ET GROUPE DU LANGAGE CHIFFRÉ

Le nombre de mots auquel correspond un groupe de chiffres ou de lettres, s'obtient en divisant les chiffres par trois et en ajoutant, s'il y a lieu, un mot pour le reste.

Sont comptés pour un chiffre les pionts et les virgules qui entrent dans la formation des nombres, ainsi que les barres de division.

MARQUES DE COMMERCE.

Pour les marques de commerce, les chiffres et les lettres doivent être comptés séparément : les barres de division ont la

PENDULES FRANÇAISES

GARNITURES RICHES

Bronzes, Biscuits d'Art, etc.

CHARLES JACQUES

IMPORTATEUR

No. 2 Maiden Lane, New York

HOTEL

ET

Restaurant du Luxembourg

400 6ME AVENUE

NEW YORK

TABLE D'HOTE, 50c.

Vin et Café compris.

SERVICE A LA CARTE A TOUTE HEURE

Chambres très bien Meublées à prix modérés

F. DUQUENNE, Prop.

même valeur que les chiffres ou que les lettres, suivant qu'elles entrent dans la composition d'un groupe de chiffres ou d'un groupe de lettres ; enfin les lettres séparées par des points sont considérées comme autant de caractères isolés et comptées chacune pour un mot, les points étant, dans ce cas, traités comme des signes de ponctuation et transmis gratuitement.

On peut envoyer un cablegramme ou message avec réponse payée ; mais le paiement ne doit pas excéder le tarif d'un télégramme ordinaire de 30 mots ; s'il y a plus de 30 mots, le surplus doit être payé par le destinataire ; en cas de refus de la part de ce dernier, le télégramme n'est pas délivré.

Les compagnies des cables ne sont pas responsable des retards qui peuvent être occasionnés dans la transmission d'une dépêche, soit par accident, fausse adresse, arrêt du cable, erreur de chiffre, écriture illisible, ou toute autre raison ; il est utile pour des depêches très importantes, d'envoyer un télégramme duplicata, pour lequel on a seulement à payer le quart du montant de la première dépêche.

AVIS IMPORTANT.

Dans le cas, excessivement rare, où un télégramme envoyé en double expédition, ne serait pas arrivé à son adresse, la compagnie n'est responsable qu'à une indemnité ne pouvant dépasser 50 fois la valeur de la dépêche non parvenue.

Cette somme est le maximum que l'on puisse exiger, et la réclamation n'est admise que si elle est faite dans le délai de soixante jours après la date de l'envoi. Passé cette époque toute réclamation est considérée comme nulle et non avenue.

La compagnie peut toujours se réserver le droit de refuser l'envoi d'un télégramme, quand bien même le message aurait été accepté par un autre bureau. Dans ce cas elle en rembourse le montant à l'expéditeur.

GOUVERNEMENT DE L'ÉTAT DE NEW YORK.

Chaque Etat de l'Union est régi par ses propres lois et possède un gouvernement local indépendant.

Dans l'Etat de New York, le pouvoir exécutif est exercé par un gouverneur élu pour trois ans et jouissant d'un traitement $10,000. Le lieutenant gouverneur, élu pour trois ans, et les cinq membres du cabinet, élus pour deux ans, reçoivent chacun $5,000 par an, à l'exception du contrôleur qui a $1,000 en plus.

Le siège du gouvernement est à Albany, capitale de l'Etat de New York.

Gouverneur: David B. Hill, réélu pour trois années à dater du 1er Janvier 1889 ; Lieutenant-Gouverneur, Edward F. Jones.

Le pouvoir législatif appartient au Sénat, composé de trente-

Mme. HERMINIE

ASTROLOGUE

204 EST 41me RUE, NEW YORK

Sonnette No. 2

L'astrologie moderne est la seule méthode scientifique, certaine de connaître l'avenir.

Ayez l'horoscope de vos enfants pour savoir ce que la destinée leur réserve. Ayez le vôtre, surtout avant d'engager toute affaire sérieuse: changements, mariages, spéculations, voyages, etc.

Consultations verbales, $1. Par lettre, à n'importe quelle distance, $2.

Indiquer le sexe, le pays, la date, et, si possible, l'heure de la naissance. A tous ceux qui, avec ces indications, enverront 50 cents en timbres-postes, Mme. HERMINIE, à titre d'essai et afin de prouver son savoir occulte, dira quelques particularités frappantes de leur vie passée ou présente.

EAUX MINÉRALES NATURELLES

De VALS, France

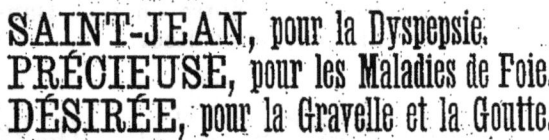

SAINT-JEAN, pour la Dyspepsie.
PRÉCIEUSE, pour les Maladies de Foie.
DÉSIRÉE, pour la Gravelle et la Goutte.

Pour les ordres par caisses de 50 bouteilles, PAR LETTRE SEULEMENT, à l'Agent

Prof. NEMO

64 Irving Place, New York

DÉPÔT POUR LE DÉTAIL CHEZ

FRASER & CO., Drug Store, 208 Fifth Ave., New York

Dépôts dans les Etats-Unis:

Philadelphie.	Baltimore.	Cleveland.	Louisville.
Chicago.	Cincinnati.	Pittsburgh.	Milwaukee.
Boston.	San Francisco.	Buffalo.	Providence.
St. Louis.	New Orleans.	Washington.	Detroit.

deux membres, et à l'Assemblée composée de cent vingt-huit membres.

L'administration actuelle est démocratique, mais la majorité des deux branches de la législature est républicaine.

La plus haute cour de justice de l'Etat de New York est la Cour d'Appel.

Ainsi que son nom l'indique, cette cour juge en dernier ressort tous cas évoqués devant elle, et possède en outre toutes les attributions de la Cour de Cassation en France.

Les sept juges de cette cour sont élus pour quatorze ans et reçoivent un traitement annuel de $7,000.

Les sessions ont lieu à Albany en hiver, et à Saratoga en été.

VILLE DE NEW YORK.

New York, la plus grande ville des Etats-Unis, est située à l'embouchure de l'Hudson, au sud de l'Etat de New York. Latitude 40° 42' 43" nord, et longitude 74° 0' 3" ouest. Elle occupe toute l'île de Manhattan et une partie de la presqu'île qui la rattache au continent. Elle est bornée au sud par la baie de New York, à l'ouest par l'Hudson ou la Rivière du Nord, au nord par la ville de Yonkers et le comté de Westchester, et à l'Est par la Rivière de l'Est qui la sépare du Long Island. La ville a 16 milles de longueur, sa largeur varie de quelques centaines de yards à 4 milles ¼; superficie 26,500 acres. Le canal de l'Erie, navigable sur un longueur de 150 milles, et plusieurs lignes de chemins de fer mettent New York en communication avec l'Est et la Nouvelle-Angleterre, et par Jersey City, en traversant l'Hudson, elle est en communication avec toutes les grandes villes de l'Ouest.

Jean Verrazini, navigateur florentin, entra dans la baie de New York en 1525, mais surpris par un orage il fut obligé de reprendre la mer sans avoir pu aborder la terre ferme. L'île de Manhattan a été visitée pour la première fois par les Européens en 1609, quand Henry Hudson entra dans la baie et explora la rivière. De retour en Hollande il fit des récits qui engagèrent des négociants hollandais à entreprendre d'autres expéditions et qui s'y établirent définitivement en 1624.

Ils construisirent en 1626 le Fort Amsterdam et achetèrent aux Indiens l'île de Manhattan pour la modique somme de $24, payée en marchandise; en 1664, l'île passa aux mains des Anglais, qui changèrent le nom de New Amsterdam en New York, et occupèrent la ville jusqu'en 1783. De 1785 à 1790 New York fut le siège du gouvernement des Etats-Unis sous la présidence de Washington. Le premier bateau à vapeur, construit par Robert Fulton, parut sur l'Hudson en 1807. En 1817 fut créé la première ligne de bateaux entre New York et Liver-

NEW YORK A VOL D'OISEAU.

pool. Le tableau suivant donne une idée de la rapidité de l'augmentation de la population :

1653.........1,120	1810........96,373	1850.......515,394
1756........10,530	1820.......123,706	1860.......813,669
1790........33,131	1830.......202,589	1870.......942,292
1800........60,489	1840.......312,710	1880.....1,206,599

Administration Municipale.

Maire : Hugh J. Grant.

La ville est administrée par un maire élu pour deux ans avec un traitement de $10,000 et un *conseil des aldermen*, composé d'un président et de vingt-cinq membres, élus pour un an, avec un traitement de $2,000. Le président du conseil reçoit $1,000 en plus.

La direction des finances de la ville a ses bureaux au palais de justice. Le contrôleur est le chef de ce département. Il reçoit un salaire de $10,000. Le trésorier de la ville, *City chamberlain*, nommé par le maire, reçoit un salaire annuel de $25,000 ; il doit payer tous ses frais de bureau et fournir un cautionnement de $500,000.

Les bureaux de l'avocat de la ville, *corporation counsel*, sont dans le *Staats Zeitung* Building, Tryon Row. Son salaire est de $15,000.

La direction des travaux publics a ses bureaux à l'Hôtel de Ville. Le commissaire des travaux publics est nommé par le maire et reçoit un traitement de $8,000.

A la tête de la direction des hospices et des prisons se trouvent trois commissaires, nommés par le maire, avec un traitement de $5,000. Les bureaux de la direction sont au coin de la Onzième Rue et Troisième Avenue, No. 66.

La commission des secours contre l'incendie, *fire department*, se compose de trois membres jouissant d'un salaire de $5,000. Le bureau central est au No. 115 Mercer Street.

Le conseil de santé, *board of health*, a ses bureaux au No. 301 Mott Street. Il se compose de quatre commissaires.

La direction des parcs publics est composée de quatre commissaires, nommés par le maire. Le président seul a un salaire de $5,000. Les bureaux sont au Nos. 49 et 51 Chambers Street.

La direction des quais se compose de trois commissaires, nommés par le maire, avec un traitement de $3,000.

Les bureaux de l'administration des excises sont au No. 54 Bond Street. Les trois commissaires reçoivent un traitement de $5,000 et sont chargés des licences pour la vente des boissons spiritueuses ou fermentées. Voici le prix des licences : licence pour la vente de l'ale et de la bière, $50 ; licence pour la vente de toutes sortes de liqueurs en gros, $250.

BERWIND-WHITE COAL MINING CO.

Houille Bitumineuse

NEW YORK : 55 Broadway.
PHILADELPHIE : Bullitt Building, S. Fourth St.
BOSTON, MASS. : 19 Congress St.

Le meilleur des charbons pour les steamers, locomotives, manufactures, haut-fourneaux, forges, verreries, briqueteries, fours à chaux, etc.

Quais d'Embarquement :

PHILADELPHIE.	SOUTH AMBOY, N. J.
GREENWICH POINT.	BALTIMORE.
NEW YORK.	CANTON PIER.

Heures de bureau, de neuf heures du matin à quatre heures du soir.
Département des docks, Pier A, Battery, North River.
Département des taxes et assessements, *Staats Zeitung* Building.
Instruction publique, 146 Grand Street.
Pilotage, 40 Burling Slip.
Quarantaine, 71 Broadway.
Cour des Comptes, 114 et 115 Stewart Building, Broadway.
Inspecteurs des poids et mesures : 1er district, P. Masterson, W. 130th Street et 10th Avenue; 2e district, Michael Hahn, 242 E. 39th Street.

Marchés.

Surintendant, James J. Kelso, 1 Stewart Building.
LOCATION.—Catharine Market, pied Catharine St.; Centre Market, Grand St., coin de Centre St.; Clinton Market, Canal et West Sts.; Essex Market, Grand et Essex Sts.; Farmers' Market, Gansevoort et West Sts.; Fulton Market, Fulton et South Sts.; Fulton Market, poisson, Piers 22 et 23, Rivière de l'Est; Jefferson Market, 6th et Greenwich Avenues; Manhattan Market, pied W. 34th St.; Tompkins Market, 3d Av. et 6th St.; Union Market, E. Houston et Colombia Sts.; Washington Market, Fulton et West Sts.; W. Washington Market, Fulton, West et Vesey Sts. et Rivière du Nord.

Administration du Comté de New York.

Les principaux fonctionnaires du comté sont le sheriff, les coroners, le surrogate, le register et le greffier.

Les bureaux du sheriff, officier chargé de l'exécution des jugements, se trouvent au nouveau Palais de Justice, Chambers Street, et sont ouverts de neuf heures du matin à quatre heures du soir. Sheriff, James A. Flack, élu pour trois ans à dater du 1er Janvier 1889.

Les coroners, magistrats chargés de conduire les enquêtes en cas de mort subite ou accidentelle, sont au nombre de quatre. Ils sont élus pour deux ans. Leurs bureaux sont au No. 13 Chatham Street.

Le surrogate est chargé d'enregistrer les testaments et de juger les difficultés relatives à leur exécution. Bureaux: nouveau Palais de Justice ; ouverts de neuf heures du matin à quatre heures du soir.

Les bureaux du register ou conservateur des hypothèques sont situés au coin de Centre Street et du City Hall Park, et sont ouverts de neuf heures du matin à quatre heures du soir.

CHAPELLERIE

455 6ME AVENUE

Entre les 27me et 28me Rues.   **NEW YORK**

Grand choix de Chapeaux en toute saison. Prix Modérés.

JOSEPH W. CLARK, Jr.

Agent d'Affaires

Se charge de la surveillance des maisons, ainsi que du recouvrement des loyers.

BOIS ET CHARBON

Au plus bas cours du marché.

BUREAUX:

No. 805 9ME AVENUE

NEW YORK

Département de la Police.

BUREAU CENTRAL, 300 MULBERRY STREET.

Commissaires : Stephen B. French, Président ; Fitz John Porter, John McClave, John R. Voorhis. Surintendent : William Murray.

INSPECTEURS DU SERVICE DE LA SÛRETÉ.

Thomas Byrnes, chef du service. 1er district, de la Battery au No. 110 Est de Broadway, Alex. S. Williams ; 2e district, de la Battery au No. 110 Ouest de Broadway, Henry V. Steers ; 3e district, du No. 110 à Kingsbridge, Peter Conlin. Chef du bureau d'élections, John J. O'Brien. Maison de Détention pour témoins, 203 Mulberry Street.

La police compte à peu près 3,000 hommes, y compris un certain nombre de policemen à cheval, chargés du service de la banlieue.

Le traitement annuel des commissaires est de $5,000, celui du surintendant de $6,000, des inspecteurs $3,500, des capitaines $1,800 et des sergents $1,250. Les patrolmen (sergents de ville) reçoivent de $800 à $1,000, suivant le nombre de leurs années de service.

Les commissaires, en dehors du contrôle de la police, doivent nommer les inspecteurs des élections (environ 2,600), choisir les emplacements où les votes ont lieu (environ 670), et faire le recensement des votes.

Voici l'emplacement des 35 postes ou precincts qui possèdent chacun un bâtiment spécial, contenant un logement pour les agents, des cellules et un quartier pour les gens sans asile.

1...Old Slip, coin de Front St.
2............99 Liberty St.
3............City Hall.
4............9 Oak St.
5.........19 et 21 Leonard St.
6............19 Elizabeth St.
7............247 Madison St.
8............128 Prince St.
9............94 Charles St.
10............205 Mulberry St.
11............105 Eldridge St.
12............178 Delancey St.
13............Union Market.
14............81 First Avenue.
15............221 Mercer St.
16............230 West 20th St.
17............34 East 29th St.
18............327 East 22d St.
19............137 West 30th St.
20............434 West 37th St.
21............160 East 35th St.
22............347 West 47th St.
23............163 East 5th St.
24............Pier A. N. River.
25............153 East 67th St.
26............136th West 100th St.
27............432 East 88th St.
28............Pier A. N. R.
29 East 136e, p. Lexington Ave.
30 West 126e, près la 8e Avenue.
31............High Bridge.
32 10e Avenue, coin W. 152d St.
33......Town Hall, Morrisania.
34......1925 Bathgate Avenue.
35......6 King's Bridge Road.

PHARMACIE FRANÇAISE

E. JOANNÈS

No. 62 SOUTH 5th AVENUE

Entre Houston et Bleecker Sts.   NEW YORK

Bandages herniaires. — Spécialités françaises. — Articles de Parfumerie et de Toilette. — Prescriptions préparées avec soin. — Sonnette de nuit.

A. C. LE ROY & CO.,

IMPORTATEUR DE

LIVRES ANGLAIS ET FRANÇAIS

Derniers et meilleurs Romans aussitôt parus. — Grand Choix de Romans d'occasion bon marché. — Eaux-fortes. Gravures et Photogravures.

DERNIERES PUBLICATIONS ARTISTIQUES

Paris Illustré, Figaro-Salon, Revue Illustrée

ainsi que Photographies des meilleures Peintures du Salon. Portraits et Gravures pour Illustrer. — Encadrements Artistiques sur Demande.

No. 4½ BARCLAY STREET

NEW YORK

Cours de Justice, Siégeant dans la Ville de New York.

1. COURS FÉDÉRALES.

A. — Cour de Circuit.

Une des neuf cours de circuit des Etats-Unis tient ses séances dans la ville de New York, au bureau central des Postes.

Ce tribunal est compétent pour connaître de toutes causes civiles, quand il s'agit de plus de $500, et que le gouvernement fédéral ou un étranger est partie au procès, ou encore quand il s'agit de violation de lois fédérales. On peut aussi faire appel à ce tribunal des décisions des cours de district, quand la somme en litige est supérieure à $50.

B. — Cour de District.

New York est aussi le siège d'une de 58 cours de district des Etats-Unis. Ce tribunal juge tous les cas maritimes et tous ceux où un étranger demande le redressement d'un tort qui lui a été fait en violation du droit international et des traités conclus.

2. COURS CIVILES DE L'ÉTAT ET DU COMTÉ DE NEW YORK.

A. — Cour d'Appel.

Cette cour siège d'ordinaire à Albany et à Saratoga; cependant, par exception, elle a tenu une session au mois d'avril de cette année au palais de justice de la ville de New York.

C'est la cour de Cassation de l'Etat de New York.

B. — Cour Suprême.

Cette cour tient ses séances au palais de justice; elle se compose de sept juges, dont un président, élus pour 14 ans, et recevant un traitement annuel de $17.500.

Sa juridiction s'étend dans tout l'Etat de New York, au cas de dernière instance et d'appel.

C. — Court of Common Pleas.

C'est le plus ancien tribunal de l'Etat. Sa juridiction territoriale s'étend à la ville et au comté de New York, et sa compétence est illimitée quant aux points de loi et d'équité.

On ne peut appeler de ses jugements qu'à la cour d'appel; en outre ce tribunal lui-même est une cour d'appel à laquelle on peut appeler des jugements rendus au civil par les tribunaux inférieurs de la ville de New York.

Ce tribunal se compose de six juges, élus pour 14 ans. Leurs traitement annuel est de $15,000.

D. — *Cour Supérieure de la ville de New York.*

(Au Palais de Justice).

La juridiction de ce tribunal est déterminée par le Code de Procédure civile et est presque aussi étendue que celle de la cour de Common Pleas. On ne peut faire appel des jugements rendus par ce tribunal qu'à la cour d'appel. Ce tribunal se compose de six juges, élus pour 14 ans, et jouissant d'un traitement annuel de $15,000.

E. — *City Court* (autrefois *Marine Court*).

(27 Chambers Street.)

Au civil, la compétence de ce tribunal ne s'étend pas au delà de $2,000. On appelle de ses jugements à la cour des Common Pleas.

Ce tribunal est composé de six juges élus pour 14 ans et recevant un traitement annuel de $10,000.

F. — *District Court.*

Les tribunaux de district sont au nombre de dix dans la ville de New York et connaissent de toutes causes dont le montant n'est pas supérieur à $250. Leur compétence est à peu près la même que celle des juges de paix en France. On appelle des tribunaux de district aux Common Pleas. Chacun de ces tribunaux est présidé par un juge élu par le suffrage du district et jouissant d'un traitement annuel de $6,000.

3. COURS CRIMINELLES.

A. — *Oyer and Terminer.*

(Palais de Justice).

Ce tribunal est une succursale de la Cour Suprême. Tous les grands procès criminels dont la longue durée entraverait les opérations ordinaires de la cour d'assises sont évoquées devant cette cour, toujours présidée par un juge de la Cour Suprême.

Un jury de 12 membres décide toutes les questions de fait et le degré de culpabilité de l'accusé.

En session, les premiers lundis de février, avril, juin et troisième lundi de Novembre.

B. — *General Sessions* (1er lundi de chaque mois).

(32 Chambers Street).

C'est la cour d'assises du comté de New York. Les quatre juges, dont un est le Recorder, sont élus pour 14 ans et jouissent d'un traitement de $12,000. Comme la Cour Suprême et les autres grandes cours des comtés, cette cour est divisée en plusieurs chambres, présidées chacune par un juge. Celui-ci rend toutes ses décisions avec l'aide d'un jury.

Les jugements ne peuvent être revisés que par la Cour Suprême ou la cour d'appel.

C. — Special Sessions.

Ce tribunal siège aux Tombs; il peut être comparé aux tribunaux de première instance en France, mais il ne juge que les affaires correctionnelles. La cour se compose de trois juges de police. L'accusé a le droit de demander son renvoi devant la cour des sessions générales pour être jugé par un jury.

D. — Tribunaux de Police.

La ville est divisée en six districts de police. Il y a en tout onze juges de police qui président tour à tour dans les différentes cours. Ces juges sont nommés par le maire et jouissent d'un traitement de $8,000.

Les six tribunaux de police sont situés aux endroits suivants:
1er district (Cour de justice et police) aux Tombs, Centre St., coin de Franklin Street.
2e district, à Jefferson Market, W. 10th St., coin de Greenwich Avenue.
3e district, au 60 Essex Street.
4e district, E. 57th St., près Lexington Avenue.
5e district, 125th St., entre les 4me et Lexington Avenues.
6e district, East 158th St., coin de la 3me Avenue.

Douane.

Les bureaux de la Douane sont situés dans Wall street, au coin de William street. Ouverts tous les jours, de 9 heures à 4 heures (dimanches et fêtes exceptés). Entrepôt, Washington street, coin de Laight street. Collecteur, Daniel Magone.

Internal Revenue.

1er, 2e, 3e, 4e, 5e, 6e, 8e, 9e, 15e et partie du 14e et 16e wards. Collecteur, John A. Sullivan, 7 Beekman street.

7e, 10e, 11e, 12e, 13e, 17e, 18e, 19e, 20e, 21e, 22e et partie du 14e et 16e wards. Collecteur, L. A. Giegerich, 153 4e Avenue.

Consuls Étrangers à New York.

Allemagne.—A. Feigel, C. G.; Dr. F. Meyer, C.; F. Ritschel, V. C., 2 Bowling Green; de dix heures du matin à trois heures du soir.

JOHN FORD

Plombier et Gazier

62 WEST BROADWAY

Près de Worth St.   NEW YORK

Chaudières, Baignoires, Pompes, Water Closets, etc.

REPARATIONS FAITES PROMPTEMENT ET AVEC SOIN

Autriche.—Théodore A. Havemeyer, C. G.; Hugo de Fritsch, C.; F. W. Meyer, V. C., room 26, 33 Broadway; de onze heures du matin à trois heures du soir.
Belgique.—Jules Reuleaux, C. G., 161 West 23d St.; Chas. Mali, C., 329 Broadway.
Bolivie.—Melchior Obarrio, C. G.; room 3, 178 Broadway.
Brésil.—Salvador de Mendonça, C. G.; John C. Redman, Chancelier temp., room 6, 24 State St.; de neuf heures du matin à trois heures du soir; Gust. H. Gossler, V. C., 148 Pearl St.
Chili.—J. R. de la Espriella, C., rooms 6, 7, 8, 59 Liberty St.
Chine.—Yee-Shaw-How, C., 26 West 9th St.
Colombie.—Climaco Calderon, C., room 18, 16 Beaver St.; de onze heures du matin à une heure du soir.
Costa Rica.—J. M. Muñoz, rooms 6, 7, 8, 59 Liberty St.
Corée.—Everett Frazar, C. G., 124 Water St.; de dix heures du matin à quatre heures du soir.
Danemark.—Henri M. Braem, C.; T. Schmidt, V. C.; room 36, 69 Wall St.; de dix heures du matin à midi et de une heure à trois heures du soir.
Egypte.—Voyez "Turquie."
Equateur.—Domingo L. Rinz, C. G., 18 et 20 Liberty St.
Espagne.—Miguel Suaréz Guanes, C. G.; Manuel de la Cueva, V. C.; 30 Broadway; de dix heures du matin à trois heures du soir.
Grande Bretagne.—W. Lane Booker, C. G.; W. Robert Hoare, C.; Gilbert Fraser, V. C.; Horace D. Nugent, 2e V. C., 24 State St.; de dix heures du matin à trois heures du soir. Bureau pour marins, 4 Morris St.
Grèce.—D. N. Botassi, C. G.; 115 Pearl St.; de dix heures du matin à quatre heures du soir.
Guatemala.—Enrique Toriello, C. G., room 339, Produce Exchange.
Haïti.—E. D. Bassett, C. G.; C. Singleton, V. C., 7 Bowling Green; de onze heures du matin à trois heures du soir.
Hollande.—J. R. Planten, C. G.; W. M. B. Gravenhorst, V. C., 47 Broad St.; de dix heures du matin à deux heures du soir.
Honduras.—Jacob Baiz, C. G.; 102 Front St., ou E. G. Marsh, C., room 13, Stewart Building.
Hongrie.—Voir "Autriche."
Iles Hawaï.—E. H. Allen, C. G., 51 Leonard St.
Italie.—Giovanni Battista Raffo, C. G.; Attilio Monaco, V. C.; Gerolamo Marazzi, V. C.; 27 State St.; de dix heures du matin à trois heures du soir.
Japon.—Yoshida Jiro, C. G., room 1, 7 Warren St.; de dix heures du matin à trois heures du matin.
Libérie.—Joseph W. Yates, C., 115 Wall St.; de dix heures du matin à trois heures du soir.

BENEZECH

Restaurant Français

111 Bleecker Street

NEW YORK

DÉJEUNER A LA FOURCHETTE

SERVICE A LA CARTE A TOUTE HEURE

DINER REGULIER, 50 Cents

Vin et Café compris.

SALON POUR SOCIÉTÉS

Mexique.—Juan N. Navarro, C. G.; Ramon V. Williams, Chancelier, room 105, 35 Broadway; de neuf heures du matin à trois heures du soir.
Monaco.—A. Dausseing, C., 4 Bowling Green.
Nicaragua.—Alexander I. Cotheal, C. G., 62 West 36th St.
Norwège.—Christian Bors, C.; Christopher Ravn, V. C., 41 Broad St.; de dix heures du matin à quatre heures du soir.
Pérou.—J. C. Tracy, C., 39 Broad St.; de dix heures du matin à trois heures du soir.
Portugal.—Gustav Amsinck, C., 150 Pearl St.
République Argentine. — Carlos Carranza, Consul Général, room 10, 60 Wall St.; Joseph H. Snyder, Vice-Consul, 128 Pearl St.; de onze heures du matin à trois heures du soir.
République Dominicaine.—José Lamarche, C.; Carlos Julien, V. C., 41 South St.; de dix heures du matin à trois heures du soir.
Russie.—Baron Rosen, C. G.; C. G. Petersen, V. C., 27 State St.; de onze heures du matin à deux heures du soir.
Salvador.—Marino Pomares, C. G., room 13, 38 Broadway.
Siam.—Isaac T. Smith, C., room 25, 158 Broadway.
Suède.—Christian Bors, C.; Christopher Ravn, V. C., 41 Broad St.; de dix heures du matin à trois heures du soir.
Suisse.—J. Bertschmann, C., 69 Beaver St.; J. Eugène Robert, V. C., 30 Maiden Lane.
Turquie.—Edward Sherer, C., room 16, 122 Front St.
Uruguay.—E. M. Estrazulas, C. G., 120 Front St.; de dix heures du matin à quatre heures du soir.
Vénézuéla.—Francisco Antonio de Silva, C.; Manuel Cadeñas, V. C., 55 Beaver St.; de dix heures du matin à trois heures du soir.

Caisses d'Epargnes.

American Savings Bank, 2 East 42d St.; Bank for Savings, 65 et 67 Bleecker St.; Bowery Savings Bank, 130 Bowery; Broadway Savings Bank, 4 Park Place; Citizens' Savings Bank, 58 Bowery; Dry Dock Savings Bank, 343 Bowery; East River Savings Bank, 3 Chambers St.; East Side Savings Bank, 187 Cherry St.; Emigrant Industrial Savings Bank, 51 Chambers St.; Excelsior Savings Bank, 118 West 23d St.; Franklin Savings Bank, 658 Eighth Ave.; German Savings Bank, 157 Fourth Ave.; Greenwich Savings Bank, 73 Sixth Ave.; Harlem Savings Bank, 2281 Third Ave.; Institution for the Savings of Merchants' Clerks, 26 Union Square; Irving Savings Institution, 96 Warren St.; Manhattan Savings Bank, 644 Broadway; Metropolitan Savings Bank, 1 Third Ave.; New York Savings Bank 81 Eighth Ave.; North River Savings Bank, 474 Eighth Ave.; Seamen's Savings Bank, 74 Wall St.; Union Dime Savings Bank, Broadway et 32d St.; West Side Savings Bank, 154 Sixth Avenue.

LANTELME

RESTAURANT

40 Union Square

NEW YORK

Déjeuner, 40c. Lunch de midi à 3 h., 40c.

TABLE D'HOTE RENOMMÉE, 75c.

de 5 heures à 9 heures

AVEC VIN ET CAFÉ

CHAMBRES MEUBLÉES

Messageries.

Le transport de toutes les marchandises et des objets de valeur s'effectue dans les Etats-Unis par l'entremise de nombreuses compagnies de transport, qui viennent chercher les marchandises à domicile, dans les magasins et les dépôts, et les transportent aux gares ou aux débarcadères. Chaque envoi est confié aux soins d'hommes spéciaux appartenant aux Compagnies de Messageries, qui l'accompagnent jusqu'à destination.

Voici une liste des principales compagnies :

Adams Express Co., bureau principal, 59 Broadway.

American Express Co., bureau principal, 65 Broadway; autres bureaux : 40 Hudson st., 302 Canal st., 696 Broadway, 940 Broadway, 27 East 14th st., 123 East 125th st., Vanderbilt Ave. et 45th st., Madison Ave. et 48th st., Tenth Ave. et 30th st. ; Brooklyn, 333 Washington st. et 79 4th st. ; Jersey City, 111 Hudson Ave. Les informations ou réclamations concernant des paquets ou valeurs expédiés par cette Compagnie doivent être faites au No. 65 Broadway.

Ball's Express Co., pour Key West, Fla., les affaires sont faites par Davies, Turner & Co.'s Express, 34 Broadway.

Erie Express Co., bureau principal : 345 et 347 Broadway.

International Express Co., Broadway et Fulton st.

Long Island Express Co., bureaux principaux : pied de James Slip, et pied de East 34th st.

National Express Co., bureau principal : 145 Broadway.

New Express Co., bureau : 122 West Broadway.

New York et Boston Despatch Express Co., 304 et 306 Canal street.

New Transfer Co., No. 1 Astor House.

Northern Express & Parcel Delivery, bureau principal : 243 West 53d st.

Southern Express Co. Bureau du Président : 12 West 23d st. Les expéditions de New York par l'Adams' Express.

United States Express Co., bureau principal, 82 Broadway.

Wells, Fargo & Co., bureau : 65 Broadway.

Westcott Express Co., 3 Park Place.

Théâtres et Musées.

Academy of Music	14th st. et Irving Place
American Galleries and Art Association	6 East 23d st.
American Institute	64th st. et Third Ave.
Bijou Opera House	Broadway, entre 30th et 31st sts.
Casino	Broadway et 39th st.
Chickering Hall	18th st. et Fifth Ave.
Cooper Union Hall	8th st. et Fourth Ave.
Daly's Theatre	Broadway et 30th st.
Dockstader's	Broadway et 29th st.

Eden Musée...23 st. et Sixth Ave.
Fifth Avenue Theatre........................Broadway et 28th st.
Fourteenth Street Theatre...........14th st., près Sixth Ave.
Grand Opera House.................Eighth Ave. et West 23d st.
Harrigan's Park Theatre.................Broadway et 35th st.
Harry Miner's Theatre.........................165 et 167 Bowery
Koster & Bial's.............................23d st., près Sixth Ave.
Lexington Avenue Opera House,
    58th st., entre Third et Lexington Aves.
London Theatre..................................235 et 237 Bowery
Lyceum Theatre...............23d et 24th sts. et Fourth Ave.
Madison Square Garden.........26th st., 4th et Madison Aves.
Madison Square Theatre............W. 24th st., près Broadway
Metropolitan Opera House..................Broadway et 39th st.
Musée Métropolitain........Fifth Ave. et 83d st. (Central Park)
 Entrée libre le mercredi, jeudi, vendredi, samedi et les jours
 fériés. Fermé le dimanche.
Miner's Eighth Ave. Theatre............8th Ave. et W. 25th st.
Mt. Morris Theatre....................................2398 Third Ave.
Musée d'Histoire Naturelle.............Eighth Ave. et 79th st.
 Entrée libre le mercredi, jeudi, vendredi, samedi et les jours
 fériés. Fermé le dimanche.
National Academy of Design............Fourth Ave. et 23d st.
National Theatre......................................104 et 106 Bowery
New Central Park Garden..............59th st. et Eighth Ave.
New Windsor Theatre............................45 et 47 Bowery
Niblo's Garden..570 Broadway
Panorama..................................Seventh Ave. et 55th st.
People's Theatre....................................199 et 201 Bowery
Poole's Theatre..............................8th st., près Broadway
Standard Theatre..............................Broadway et 33d st.
Star Theatre.....................................Broadway et 13th st.
Steinway Hall.............................14th st., près Fourth Ave.
Thalia Theatre (allemand)...............................46 Bowery
Theatre Comique....125th st., entre Third et Lexington Aves.
Third Avenue Theatre......................31st st. et Third Ave.
Tony Pastor's.................................14th st. et Third Ave.
Union Square Theatre...14th st.
University Club Theatre..............Madison Ave. et 26th st.
Palmer's (Wallack's) Theatre............Broadway et 30th st.

 Ne manquez pas de visiter la statue colossale *La Liberté Eclairant le Monde*, sur l'île de la Liberté, dans la baie. Excursion par le steamer "Jud Field," partant du Barge Office toutes les heures. Prix aller et retour, 25 cents.

Téléphones.

 Le téléphone est d'un usage général à New York et on peut le trouver dans toutes les maisons de commerce un peu importantes. Un grand nombre d'établissements publics en permettent l'usage pour la somme de 15 cents à 25 cents.

Commissionnaires (Messenger Boys).

Il existe à New York et dans toutes les grandes villes de l'intérieur des compagnies pour le transport des lettres, commissions et petits paquets. Le service est fait par des garçons de douze à seize ans, et le tarif calculé d'après les distances. Des sonnettes électriques mettent presque toutes les maisons particulières en communication avec les bureaux.

Voitures.

Le tarif doit être affiché dans toutes les voitures. Pour éviter toute discussion avec le cocher qui ne cherche qu'à exploiter l'ignorance du voyageur, il est indispensable de convenir à l'avance du prix de la course.

Tarifs réglementaires pour un ou plusieurs voyageurs : Pour une distance d'un mille ou moins, $1 ; de un à deux milles, $1.50 ; de deux à trois milles, $2.00 ; de trois à quatre milles, $2.50 ; au delà de quatre milles, 75 cents le mille. A l'heure, $1.

La compagnie des cabs de New York a des voitures à des prix inférieurs au tarif ci-dessus ; 50 cents pour un demi mille ou moins ; 25 cents pour chaque mille supplémentaire ; à l'heure, $1.

D'après le tableau suivant il est facile d'établir soi-même la longueur du trajet.

De la Batterie à	Milles.	*De la Batterie à*	Milles.
Rector Street	¼	E. 54th Street	4½
Fulton “	½	E. 58th “	4¾
City Hall	¾	E. 63d “	5
Leonard Street	1	E. 68th “	5¼
Canal “	1¼	E. 73d “	5½
Spring “	1½	E. 78th “	5¾
E. Houston “	1¾	E. 83d “	6
E. Fourth “	2	E. 88th “	6¼
E. 9th “	2¼	E. 93d “	6½
E. 14th “	2½	E. 97th “	6¾
E. 19th “	2¾	E. 102d “	7
E. 24th “	3	E. 107th “	7¼
E. 29th “	3¼	E. 112th “	7½
E. 34th “	3½	E. 117th “	7¾
E. 38th “	3¾	E. 121st “	8
E. 44th “	4	E. 126th “	8¼
E. 49th “	4¼	High Bridge	10

Dans les parties régulièrement construites de la ville, vingt rues sur les avenues font un mille.

L. DUBÉ
Teinture et Dégraissage

INVENTEUR ET SEUL PROPRIÉTAIRE DE LA

RE-CRAPING MACHINE

Voiles de Crêpe remis à neuf en 2 heures

SPÉCIALITÉ DE BLANCHISSAGE DE RIDEAUX

No. 271 6me Avenue, New York

A. D. BEZEMONT'S ELIXIR

Enregistré au Bureau des Patentes des Etats-Unis, le 25 Octobre 1887.

Le grand dépuratif et régénérateur de la santé.

UN REMÈDE INCOMPARABLE pour la Dyspepsie, les Evanouissements, la Constipation, les Faiblesses d'Estomac, les Affections des Rognons et du Foie, les Rétentions d'Urine, tous les Scrofules, les Maladies des Poumons et la Débilité nerveuse. C'est la meilleure préparation connue pour le sang. Elle guérit positivement toutes les maladies du sang, elle purifie tout l'organisme et refait complètement la constitution. Nous la garantissons.

JOSEPH BAUDOT, Seul Propriétaire.

PRIX $1.—E. BRAND, Seul Agent et Représentant du
A. D. BEZEMONT'S ELIXIR,
217 Ouest 31me Rue, New York

Dépôt chez Mme. POULIN, 91 Wooster Street, 286 7me Avenue, New York; A. BODIN, 1161 Summit Avenue, Jersey City Heights, 756 Union Street et 310 Sixth Avenue, Brooklyn; GEORGE C. GOODWIN & CO., Agent New England, 36 Hanover Street, Boston, Mass.

Chemins de Fer Élevés.

Cinq cents la course sur toutes les lignes ; les enfants au-dessous de cinq ans gratis.

TROISIÈME AVENUE.

De South Ferry à	Minutes.	De South Ferry à		Minutes.
Hanover Sq. (Wall St.)	2	42d St. et 3d Ave.		23
Fulton et Pearl Sts.	4	47th St. et 3d Ave.		24
Franklin Square	5	53d "	"	25½
City Hall		59th "	"	27
Chatham Square	7	67th "	"	29
Canal St. et Bowery	7½	76th "	"	31
Grand St. et Bowery	8½	84th "	"	33
Houston St. et Bowery	11	89th "	"	34
9th St. et 3d Ave.	13½	98th "	"	36½
14th " "	15	106th "	"	38
18th " "	16	116th "	"	40
23d " "	17½	125th "	"	42
28th " "	19	129th "	"	43
34th " "	20½			

Trains toutes les trois ou cinq minutes ; de minuit à 4 heures 45 tous les quarts d'heures. Les passagers pour la 2me Avenue changent de train à la station de Chatham Square.

DEUXIÈME AVENUE.

De South Ferry à	Minutes.	De South Ferry à		Minutes.
Voyez les stations intermédiaires de la ligne de la 3me Avenue.		50th St. et 2d Ave.		23
		57th "	"	24½
		65th "	"	26½
Chatham Square	7	70th "	"	27½
Canal et Allen Sts.	9	75th "	"	28½
Grand et Allen Sts.	10	80th "	"	29½
Rivington et Allen Sts.	11	86th "	"	31
1st St. et 1st Ave.	12	92d "	"	32½
8th St. et 1st Ave.	13½	105th "	"	36
14th " "	15	111th "	"	38
19th " "	16	116th "	"	39½
23d St. entre 1st et 2d Ave.	17½	120th "	"	40½
34th St. et 2d Ave.	20	127th "	"	43
42d St.	21½			

Trains toutes les trois ou six minutes de 4 heures 43 du matin à minuit. Le dernier train quitte South Ferry à minuit 44, et la 127me Rue à 11 heures 58 du soir. Les passagers pour la 3me Avenue changent de train à la station de Chatham Square.

BOUCHÉ FILS & CO.

Vignobles : MAREUIL-SUR-AY, Champagne.

Succursales :
- PARIS, 23 Boulevard Haussmann.
- NEW YORK, 37 Beaver Street.
- LONDON, 32 Picadilly Circus.

BOUCHÉ
Champagne "SEC"

Se trouve sur tous les Paquebots Transatlantiques.

HOTEL DU LOUVRE
53 OUEST 28ME RUE

Maison recommandée à MM. les Voyageurs

Déjeuner, de 7½ h. à 11 h. Lunch, de midi à 4 h.
Dîner, de 5 h. à 9 h.

Dîner spécial du Dimanche de midi à 4 heures.

SIXIÈME AVENUE.

De South Ferry à	Minutes.	De South Ferry à	Minutes.
Battery Place	1½	42d. St.	24
Rector et Trinity Place	4	50th St. et 6th Avenue	26
Cortlandt et Church	5	53d St. et 8th "	29
Park Place et Church	6	59th St. et 9th "	33
Chambers et W. B'way	7½	72d St. " "	35
Franklin et W. B'way	9	81st St. " "	36½
Grand et S. 5th Avenue	10½	93d St. " "	38½
Bleecker et S. 5th Av	13	104th St. " "	40
8th St. et 6th Avenue	16	116th St. et 8th Avenue	43½
14th St. "	17½	125th St. " "	45½
18th St. "	18½	135th St. " "	48
23d St. "	20	145th St. " "	50
28th St. "	21	155th St. " "	52
33d St. "	22		

Les trains de South Ferry à la 155e rue et 8e Avenue, ainsi que ceux de la 58e rue et 6e Avenue, partent toutes les 2 ou 6 minutes, de 5 h. 30 du matin à minuit, et toutes les 20 minutes, de minuit à 5 h. 30 du matin.

NEUVIÈME AVENUE.

De South Ferry à	Minutes.	De South Ferry à	Minutes.
Battery Place	1½	42d St. et 9th Avenue	22
Rector et Greenwich St.	4	50th St. " "	24
Cortlandt "	5	59th St. " "	26
Barclay "	6	72d St. " "	28
Warren "	7	81st St. " "	29½
Franklin "	9	93d St. " "	31½
Desbrosses "	10	104th St. " "	33
Houston "	11½	116th St. " "	36½
Christopher "	10½	125th St. " "	38½
14th St. et 9th Avenue	15	135th St. " "	41
23d St. " "	17	145th St. " "	43
30th St. " "	19	155th St. " "	45
34th St. " "	20		

Les trains partent de South Ferry pour la 59e rue toutes les 3 ou 6 minutes, de 5 h. 33 du matin à 7 h. 57 du soir. Le dernier train quitte South Ferry à 8 h. 21 du soir, et la 59e rue à 7 h. 57 du soir.

Tramways ou Cars.

La ville est sillonnée par un grand nombre de tramways qui la traversent en tous sens; du sud au nord, parallèlement aux

A. RESCOUSIE

MANUFACTURIER ET MARCHAND DE

Malles et Sacs de Voyage

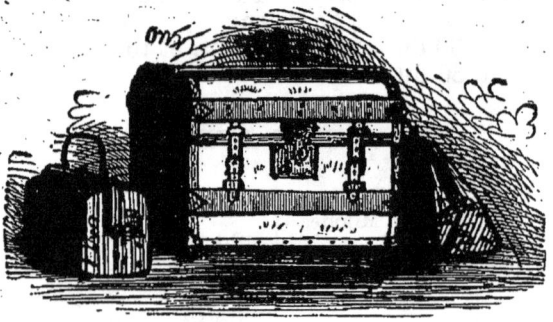

302 WEST 42d STREET

Coin de la 8me Avenue.   NEW YORK

Seul Français dans cette branche à New York. Réparation de Malles et Parapluies.

deux rivières, et de l'est à l'ouest, d'une rivière à l'autre. Le prix est de 5 cents; les enfants au-dessus de cinq ans ne paient pas.

Bateaux-Ferries.

Le prix du passage sur tous les ferries du New Jersey est de 3 cents, et sur ceux de Brooklyn il varie de 1 à 6 cents.

Astoria, de la 92e rue, Rivière de l'Est, de 5 heures du matin à 10 h. 30 du soir; de Peck Slip, Rivière de l'Est, à Astoria par les bateaux d'Harlem.

Bay Ridge, de Whitehall street.

Blackwell's Island, de la 26e rue, Rivière de l'Est, à Blackwell's Island, à 10 h. 30 du matin et 1 30 h. de l'après-midi, tous les jours par bateaux à vapeur; de la 52e rue, Rivière de l'Est, à Blackwell's Island, par canots, pour les employés de l'Institution, 25 cents.

Bedloe's Island, du Pier 58, Rivière du Nord; les bateaux de l'Etat partent du Pier 1, Rivière de l'Est, prennent des passagers.

Brooklyn, de Catharine street, Rivière de l'Est à Main street, toute la nuit; de Fulton street, Rivière de l'Est, à Fulton st., toute la nuit; South-Ferry, de Whitehall street, Rivière de l'Est, à Atlantic Avenue, toute la nuit; de Whitehall street, Rivière de l'Est, à Hamilton Avenue, toute la nuit; de Wall street, Rivière de l'Est à Montague street, de 7 heures du matin à 11 heures du soir.

Brooklyn, E. D., de Grand street, Rivière de l'Est, à Grand st., toute la nuit; de Houston street, Rivière de l'Est, à la 7e rue sud, toute la nuit; de Roosevelt street, Rivière de l'Est, à la 7e rue sud, toute la nuit; College Point, Beekman street à la 99e rue Est.

David's Island, Fort Schuyler et Willet's Point, du Pier 1, Rivière de l'Est, le mardi et vendredi, par les bateaux de l'Etat, à 9 heures du matin.

Fort Lee steamboat, de Canal street et la 22e rue ouest; de la 125e rue ouest, toutes les 40 minutes.

Governor's Island, du Pier 1, Rivière de l'Est, d'heure en heure, tous les jours de 7 heures 30 du matin jusqu'à 6 heures du soir.

Greenpoint, de la 10e rue, Rivière de l'Est, à Greenpoint Avenue, de 4 heures 45 du matin à 1 heure du matin; de la 23e rue, Rivière de l'Est, toute la nuit.

Harlem, du Pier 22, Rivière de l'Est.

Hart's Island, de la 26e rue, Rivière de l'Est, à Hart's Island, de 11 heures du matin, excepté le dimanche. Prix du passage, 40 cents.

Hoboken, de Barclay street, Rivière du Nord, toute la nuit; de Christopher street, Rivière du Nord, toute la nuit; de la 14e rue à la 8e rue.

E. M. TRILLARD

Marchand Tailleur

No. 253 4ME AVENUE

NEW YORK

A. SIMAR

Vins, Liqueurs et Huile d'Olive

Importés et du Pays.

EN GROS ET AU DÉTAIL

IMPORTATION DIRECTE DES PRODUCTEURS

Seul Agent aux Etats-Unis et Canada pour le Vin de Malaga Apéritif et Fortifiant de L. Nouis & Co.

480 8th Ave. et 269 W. 34th St.

NEW YORK

Hunter's Point, de James Slip, Rivière de l'Est, à Hunter's Point, de 7 heures du matin jusqu'à 7 heures de soir; de la 34e rue, Rivière de l'Est, toute la nuit.
Jersey City, de Desbrosses street, Rivière du Nord, à Montgomery, toute la nuit; de Cortlandt street, Rivière du Nord, à Montgomery, toute la nuit; de Liberty street, Rivière du Nord, au dock Central railroad of New Jersey, toute la nuit; de Chambers street, Rivière du Nord, à Pavonia Ferry, Erie Railroad dock, toute la nuit; de la 23e rue, Rivière du Nord, à Pavonia Ferry, Erie Railroad dock, de 5 heures 45 du matin, jusqu'à 1 heure 30 du matin.
Long Island City, James Slip jusqu'à Ferry street, 7e rue Est et 34e rue Est.
Randall's Island, de la 26e rue, Rivière de l'Est, à Randall's Island, 10 heures 30 du matin; de la 122e rue, Rivière de l'Est, à Randall's Island, par canot, à toute heure du jour.
Staten Island (New Brighton Snug Harbor, West Brighton, Port Richmond, Elm Park), du pied de Whitehall, de 6 h. 20 du matin à 9 heures 30 du soir, d'heure en heure, et un dernier bateau à minuit.
Staten Island Railroad Ferry, du pied de Whitehall street, de 6 heures du matin à 10 heures du soir, et un dernier bateau à minuit.
Ward's Island, 26e rue est et 110e rue est.
Weehawken Ferry, du pied de Jay street et 42e rue ouest, aux trains du chemin de fer du West Shore.

Chemins de Fer.

Baltimore et Ohio. — Station, au pied de Cortlandt et au pied de Desbrosses streets.

Delaware, Lackawanna & Western. — Station, Hoboken Ferries, Barclay et Christopher streets.

Erie Railway. — Station, Pier 30, pied de Chambers street et du ferry de la 23e rue ouest.

Hackensack et New York — Station, pied de Chambers street et du ferry de la 23e rue ouest.

Lehigh Valley Railway. — Station, pied de Cortlandt et Desbrosses streets.

Long Island R. R. — Station, James Slip, 34e rue est.

Manhattan Beach Railway. — Station, pied de James' Slip, 34e rue est et Whitehall street.

Morris et Essex. — Station, pied de Barclay et de Christopher streets.

New York Midland. — Station, pied de Cortlandt street, Jersey City ferries.

New York Central et Hudson River. — Grande Station Centrale, 42e rue et 4e avenue.

New York et Boston. — Station, 4e Avenue et 42e rue.

New York et Harlem. — Station, 4e Avenue et 42e rue.
New York, New Haven et Hartford. — Station, 4e Avenue et 42e rue.
New York City & Northern Railway. — Station, 155e rue et 8e Avenue.
New York, Ontario et Western Railway. — Station, pied de Jay street, et pied de la 42e rue ouest.
New York, Susquehanna et Western Railway. — Station, pied de Cortlandt et pied de Desbrosses streets.
New York, West Shore et Buffalo Railway. — Station, pied de Jay street et pied de la 42e rue ouest.
Northern New Jersey. — Station, pied de Chambers et de la 23e rue ouest.
Pennsylvania Railroad. — Station, pied de Cortlandt et Desbrosses streets.
Philadelphia et Reading. — *Central New Jersey et Southern New Jersey Divisions.* — Station, pied de Liberty street.
Southern New Jersey. — Station à Sandy Hook, par le bateau, Pier 14, Rivière du Nord.

Distances et Heures de Chemin de Fer de New York aux Principales Villes des États-Unis.

Ville	Milles	Heures
Baltimore, Md	190	7
Bangor, Md	472	21
Boston, Mass	229	8
Buffalo, N. Y	423	15
Burlington, Iowa	1,108	47
Charleston, S. C	804	33
Chicago, Ills	901	24–35
Cincinnati, Ohio	744	19–33
Cleveland, "	573	20
Columbus, "	624	22
Dayton, "	693	25
Detroit, Mich	786	24
Fort Wayne, Ind	751	29
Indianapolis "	811	30
Louisville, Ky	854	35
Memphis, Tenn	1,165	50
Milwaukee, Wis	988	40
Mobile, Ala	1,235	52
Nashville, Tenn	1,005	43
Nouvelle Orléans, La	1,375	48
Omaha, Neb	1,395	60
Pittsburgh, Pa	432	15
Portland, Me	325	14
Quincy, Ills	1,130	47
Richmond, Va	343	13

Salt Lake City, Utah	2,464 Milles	120	Heures
San Francisco, Cal	3,317 "	165	"
Savannah, Ga	919 "	39	"
Saint-Joseph, Mo	1,336 "	60	"
Saint-Louis, "	1,050 "	37-45	"
Saint-Paul, Minn	1,305 "	54	"
Toledo, Ohio	687 "	24	"
Washington, D. C	228 "	8	"
Wilmington, N. C	593 "	25	"

Compagnies de Navigation à Vapeur pour l'Europe.

NEW YORK AU HAVRE.

FRENCH LINE.

Compagnie Générale Transatlantique, Paris. — Départs : de New York, tous les samedis ; du Havre, tous les samedis. — Bureaux à New York, 3 Bowling Green ; A. Forget, agent général ; téléphone : 127 Pearl ; quai d'embarquement : Pier 42, au pied de Morton st. — Bureaux au Havre, 35 Quai d'Orléans ; quai d'embarquement : Bassin de l'Eure.

NEW YORK A BORDEAUX.

BORDEAUX LINE.

Compagnie Bordelaise de Navigation à Vapeur, Bordeaux. — Départs : de New York, une fois par mois ; de Bordeaux, une fois par mois. — Bureaux à New York : pour le fret, Funch, Edye & Co., 27 South William st. ; bureau de passage : L. Contanseau, 71 Broadway ; quai d'embarquement : Kelsey Stores, Hamilton Ferry, Brooklyn. — Bureaux à Bordeaux : 6 Quai Louis XVIII ; quai d'embarquement : 131 Quai des Chartrons.

NEW YORK A MARSEILLE.

FABRE LINE.

Compagnie Française de Navigation à Vapeur, Marseille. — Departs : de New York, tous les 20 jours ; de Marseille, tous les 20 jours, via Naples. — Bureaux à New York : Jas. W. Elwell & Co., agents, 57 South st. ; J. Ter Kuile, agent des passagers, 31 Broadway ; quai d'embarquement : Columbia Pier, Brooklyn. — Bureaux à Marseille : rue Sylvabelle 69 ; quai d'embarquement : Mole C.

NEW YORK A LA MÉDITERRANÉE.

ITALIAN LINE.

Navigazione Generale Italiana, Societa Riunite Florio Rubattino (Palerme, Gênes) ; établie en 1838 et 1847. — Departs :

URSULINE ACADEMY

École et Pensionnat de Demoiselles

WESTCHESTER AVE., NEW YORK

LES membres de cette institution donnent tout leur temps à l'éducation et à l'instruction des jeunes filles qui leur sont confiées.

Il n'est fait aucune différence entre les élèves quelque soit leur religion, pourvu qu'elles se conforment aux règlements de l'institution.

Les paiements sont semestriels et anticipés, sans aucune reduction pour une absence partielle ou retrait de l'élève, excepté en cas de maladie.

Prix modérés pour les élèves internes.
Pour les externes, enseignement en français
et anglais.................................... $60.00 par an.
Pour l'enseignement de la musique et du piano. 60.00   "

L'année scolaire commence le premier lundi de septembre et se termine fin juin. Le jeudi est le jour des visites.

Pour plus amples renseignements, s'adresser à la MÈRE SUPÉRIEURE, au Couvent.

de New York, une fois par mois; de Palerme, une fois par mois. — Bureaux : Phelps Bros. & Co., agents, 31 et 33 Broadway ; téléphone : 698 New ; quai d'embarquement, Mediterranean Pier, Brooklyn.

NEW YORK A ANVERS.

RED STAR LINE.

Société Anonyme de Navigation Belge-Américaine, Anvers. — Départs : de New York, tous les samedis ; d'Anvers, tous les samedis. — Bureaux à New York, Peter Wright & Sons, agents, 6 Bowling Green ; téléphone, 129 Law ; quai d'embarquement : pied de Sussex st., New Jersey.

WHITE CROSS LINE.

Steinmann & Ludwig, Anvers. — Départs : de New York, tous le 14 jours ; d'Anvers, tous les 14 jours. — Bureau à New York, Funch, Edye & Co., 27 south William street ; quai d'embarquement, pied de 4th street, Hoboken, New Jersey.

NEW YORK EN HOLLANDE.

NETHERLANDS LINE.

Netherlands-American Steam Navigation Co., Rotterdam. — Départs : de New York, pour Rotterdam et Amsterdam, tous les samedis, alternativement ; de Rotterdam et Amsterdam, tous les samedis alternativement. — Bureaux : pour passage, W. H. van der Toorn, agent, 39 Broadway ; Funch, Edye & Co., agents pour le fret, 26 south William street ; quai d'embarquement, pied de York street, Jersey City, New Jersey.

NEW YORK A LIVERPOOL.

CUNARD LINE.

Cunard Steamship Co. (Lim.), Liverpool, établie en 1840. — Départs : de New York, tous les samedis ; de Liverpool, tous les samedis. — Bureaux à New York, V. H. Brown & Co., agents, 4 Bowling Green ; téléphone : 246 Pearl ; quai d'embarquement : Pier 40, N. R., pied de Clarkson st.

WHITE STAR LINE.

Oceanic Steam Navigation Co. (Lim.) ; Ismay, Imrie & Co., propriétaires. — Départs : de New York, tous les mercredis ; de Liverpool, tous les mercredis. — Bureaux à New : J. Bruce Ismay, agent, 41 Broadway ; téléphone : 131 Law et 383 Spring ; quai d'embarquement : Pier 45, N. R., pied de W. 10th st.

ELISE CHOLLET

Modes de Paris

53 EAST 21ST STREET

INMAN LINE.

Richardson, Spence & Co., Liverpool.—Départs: de New York, tous les samedis; de Liverpool, tous les samedis.—Bureaux à New York, Peter Wright & Sons, agents, 6 Bowling Green; quai d'embarquement: pied de Grand st., Jersey City.

GUION LINE.

S. B. Guion, Liverpool. — Départs: de New York, tous les samedis; de Liverpool, tous les samedis. — Bureaux à New York: A. M. Underhill & Co., agents, 35 Broadway; téléphone: 95 Pearl et 135 Law; quai d'embarquement: Pier 38, N. R., pied de King st.

NATIONAL LINE.

Natinal Steamship Company (Limited), Liverpool.—Départs: de New York, tous les mercredis; de Liverpool, tous les jeudis. — Bureau à New York, 27 State street; téléphone: 139 Law; quai d'embarquement, Pier 39, N. R., pied de Houston street.

NEW YORK A GLASGOW.

STATE LINE.

State Steamship (Limited), Glasgow. — Ces steamers font escale à Larne et Belfast. — Départs: de New York, tous les jeudis; de Glascow, tous les vendredis.— Bureau: à New York, Austin Baldwin & Co., agents, 53 Broadway; quai d'embarquement, pied de Canal street.

ANCHOR LINE.

Anchor Line Steamship Co., Glasgow. — Ces steamers font escale à Londonderry. — Départs: de New York, tous les samedis; de Glasgow, tous les vendredis. — Bureau à New York: Henderson Bros., 7 Bowling Green: quai d'embarquement: Pier 41, N. R., pied de Leroy street.

NEW YORK A LONDRES.

WILSON LINE.

Thos. Wilson, Sons & Co., Hull, Londres et Newcastle.— Départs: de New York et de Londres, tous les samedis alternativement. — Bureaux: à New York, Sanderson & Son, 22 State street; quai d'embarquement, Pier 54, N. R., pied de W. 24th street.

NEW YORK A BRISTOL.

BRISTOL LINE.

Great Western Steamship Co., Bristol. — Départs: de New York et de Bristol, à peu près tous les 10 jours. — Bureaux: à New York, W. D. Morgan, agent, 70 South street; quai d'embarquement, Pier 18, East River; pied de Maiden Lane.

COLLÈGE SAINT-LOUIS

15 West 43rd Street

Institution choisie pour familles catholiques. Internat et externat. Cours académique, scientifique et commercial. Latin, grec, langues vivantes.

JOHN P. BROPHY, Président.

PROFESSEURS

AGENCE SCOLAIRE

Professeurs de Langues et de Musique des deux sexes pour Universités, Collèges, Familles et Églises. Vente, Achat et Location de Matériel Scolaire.

Les Meilleures Références sur Demande

E. MIRIAM COYRIÈRE

31 EAST 17th STREET

Entre Broadway et la 4me Ave.   NEW YORK

NEW YORK A BRÊME.
NORTH GERMAN LLOYD.

Norddeutscher Lloyd, Brême. — Ces steamers font escale à Southampton. — Départs : de New York, tous les mercredis et samedis; de Brême, tous les mercredis et samedis.; de Southampton, tous les jeudis et dimanches. — Bureaux à New York : Oelrichs & Co., agents, 2 Bowling Green : quai d'embarquement, pied de 2d street, Hoboken, New Jersey.

NEW YORK A HAMBOURG.
HAMBURG LINE.

Hamburg-Amerikanische Packetfahrt-Actien-Gesellschaft, Hamburg. — Départs : de New York, tous les jeudis pour Plymouth, Cherbourg et Hambourg; tous les samedis, Hambourg directement; de Hambourg, tous les dimanches et mercredis; du Havre, tous les mardis. — Bureaux à New York, Kunhardt & Co., 61 Broad street ; C. B. Richard & Co., agents des passages, 61 Broadway ; téléphone, 84 New ; quai d'embarquement, pied de First street, Hoboken, New Jersey.

NEW YORK ET COPENHAGUE.
THINGVALLA LINE.

Thingvalla Steamship Company, Copenhague. — Départs : de New York, tous les 14 jours ; de Copenhague, tous les 14 jours. — Bureaux : à New York, Funch, Edye & Co., agents, 27 south William street ; J. Hansen, agent général des passages, 24 State street ; quai d'embarquement, pied de 4th street, Hoboken, New Jersey.

Ports en Communication Directe avec New York.

Brésil, Porto Rico, Saint-Thomas et Vénézuéla. — Bureau : Gerhart & Co., 84 Broad street, Pier, Martine Store Brooklyn.

Colon, Panama, San Francisco, Chine et Japon. — Bureau et quai d'embarquement, Pier 34, Canal street, North River.

Fernandina et Galveston. — Bureau et Pier : H. Mallory & Co., 20 East River.

Halifax et Saint-John. — Bureau : Bowring et Archibald, 18 Broadway ; quai d'embarquement, Pier 4, North River.

Havane et Cuba. — Bureaux : Ciballos & Co., 80 Wall street ; quai d'embarquement, Pier 21, North River.

Havane et Mexico. — Bureau : Alexander & Sons, 33 Broadway ; quai d'embarquement, Pier 3, North River.

Havane et Nassau. — Bureau : Ward & Co., 113 Wall street ; quai d'embarquement, Pier 16 et 17, North River.

Jamaïque, Haïti et Nouvelle-Grenade. — Bureau : Pim, Forwood & Co., 24 State street ; quai d'embarquement, pied de West 25th street.

BATEAUX-POSTE

DE LA

COMPAGNIE TRANSATLANTIQUE ESPAGNOLE

(Autrefois A. LOPEZ & CO.)

New York, Cuba et le Mexique

Les vapeurs de première classe de cette Compagnie partent régulièrement les 4, 14 et 24 de chaque mois pour la Havane, les Antilles et le Mexique des quais Nos. 20 et 21, Rivière du Nord, New York.

Fret et passagers pour la Havane, Progreso, Vera Cruz, Santiago de Cuba, Carthagène (Colombie), Colon, Sabanilla, Puerto-Cabello, Laguaira, Cadix et Barcelone.

Fret seulement pour Séville, Malaga, Almeria, Carthagène (Espagne), Alicante et Valence.

Table de premier ordre avec Vin.

S'adresser pour tous autres renseignements aux agents,

J. M. CEBALLOS & CO.

80 Wall Street

Nouvelle-Orléans et la Floride. — Bureau et quai d'embarquement, S. Seaman, 9 North River.
Norfolk et City Point. — Bureau : 235 West street, Old Dominion Line ; quai d'embarquement, Pier 37, North River.
Québec, Antilles et Bermudes. — A. E. Outerbridge & Co., 51 Broadway ; quai d'embarquement, Pier 47 et 52, North River.
Richmond et Portsmouth. — Bureau : 235 West street, Old Dominion Line ; quai d'embarquement, Pier 37, North River.
Saint-Domingue, Samana et Wilmington. — Bureau : P. Clyde & Co., 35 Broadway ; quai d'embarquement, Pier 29, East River.
Savannah et Charleston. — Bureau : H. Rhett, 317 Broadway ; quai d'embarquement, Pier 27 et 29, North River.

Institutions Françaises de Charité.

Société française de Bienfaisance. — Fondée en 1809. Incorporée le 13 avril 1819. Siège de la Société, 322 West 34e rue. Exercice 1888-1889 : Président, Joseph Thoron, visible tous les jours de 9 à 10 heures, au siège de la Société ; 1er vice-président, Edmond Huerstel ; 2e vice-président, A. Flauraud ; 3e vice-président, Chas. Bouché ; trésorier, Chas. Coudert ; secrétaire, Casimir Thoron. Distribution de secours aux indigents, tous les lundis à 5 heures. Rapatriements, tous les jeudis à 5 heures ; renseignements et demandes diverses. Refuge de nuit pour les Français sans ressources. Un agent de la Société se trouve au Castle Garden et a charge de protéger et diriger les émigrants.

Société de Bienfaisance des Dames de Saint-Vincent de Paul, 120 West 24e rue.

HOPITAL FRANÇAIS.

Fondé et entretenu par la Société française de Bienfaisance. Installé depuis le 1er octobre 1888 au No. 322 West 34e rue ; dispose de 55 lits pour les malades des deux sexes ; les indigents français sont admis gratuitement. Malades payants, $1 par jour, dans les salles communes ; chambres particulières, de $15 à $25 par semaine.

DISPENSAIRE. — Consultations gratuites tous les jours (dimanches exceptés) à 2 heures. Consultations spéciales pour les affections des yeux, des oreilles et de la gorge, les lundi, mercredi et vendredi à 1 heure. Les médicaments sont fournis gratuitement aux indigents français. Un service médical à domicile est organisé pour les malades qui ne peuvent se rendre à l'hôpital.

CORPS MÉDICAL. — Dr. E. G. Janeway, Dr. J. E. Kelly, Dr. E. C. Séguin, Dr. T. Gaillard Thomas, médecins ou chirurgiens consultants. — Dr. J. J. Henna, Dr. F. A. Lyons, Dr. W. D.

H. SCHWARTZ

MAISON DE CONFIANCE

CHANGE DE MONNAIE

ET

BILLETS DE PASSAGE

273 W. 23d STREET

Près de la 8me Avenue.   NEW YORK

AUTREFOIS AVEC THE HOME BANK.

Billets pour toutes les parties du Monde. — Traites et Lettres de Change. — Passeports. — Change de toutes Espèces de Monnaie.

Vente et Achat de Timbres-poste et de Monnaies d'Or et d'Argent hors de cours.

Située au centre de la ville, à proximité des grands hôtels et établissements, Messieurs les Voyageurs seront bientôt convaincus de l'avantage que leur offre notre maison,

273 WEST 23d STREET

ON PARLE FRANÇAIS, ALLEMAND ET ANGLAIS

McKim, Dr. Ch. D. Scudder, chefs de service. — Dr. G. G. Van Schaick, médecien pathologiste. — Dr. John McInerney, Dr. N. J. Ponce de Léon, médecins internes. — Dr. A. V. Jova, Dr. G. Kirsh, Dr. H. A. Bournonville McCauley, Dr. St. G. Rives, médecins du dispensaire. — Dr. E. V. Agramonte, médecin oculiste. — Dr. G. W. Collins, chargé des visites en ville. — Dr. C. L. Dubar, E. J. Ranhofer, dentistes. — Sœurs Marianites de Sainte-Croix, surveillantes et infirmières. — M. G. Faucheux, gérant de l'hôpital.

ŒUVRE CATHOLIQUE FRANÇAISE
NOTRE-DAME DE LA MISÉRICORDE
69 South Washington Square
Succursale de l'Église Saint-Vincent de Paul, N. Y.

Messe : Dimanches et jours de fête d'obligation, 8 heures et 10 heure matin. En semaine, 7 heures du matin.

Ecole du dimanche et cathéchisme, pour garçons et filles ; préparation à la première communion de 2¼ h. à 3 heures.

Vêpres. — 3 heures.

Confession. — Matin : tous les jours avant et après la messe. Soir : vendredi et samedi, de 3 heures à 5 heures et de 6 heures à 8 heures.

Mariages. — Après les trois publications d'usage, ou dispenses obtenues.

Baptêmes. — Tous les jours de 6 à 8 heures du soir et le dimanche après les offices.

Visites des Malades. — A toute heure du jour et de la nuit.

Enterrements et Services funèbres. — Après entente avec la famille.

Salle d'Asile. — Ouverte de 7 heures du matin à 7 heures du soir.

Ecole pour filles et garçons. — De 9 heures à midi et de 1 heure à 3 heures. (Enseignement français et anglais.)

Classe de couture. — Tous les jours, de 2 à 3 heures.

Les enfants suivant les cours de l'école peuvent y être maintenus ou gardés jusqu'à 7 heures du soir, sur la demande des parents.

REMARQUE. — Cette œuvre, fondée en faveur des enfants de langue française, sans distinction de religion, est sous le patronage des Dames de Saint-Vincent de Paul.

L'école et la salle d'asile, *dont l'admision est gratuite*, sont dirigées par trois Sœurs Marianites de Sainte-Croix.

RÉV. V. HUMBERT,
Prêtre de la Miséricorde, chargé de l'Œuvre.

Résidence : 69 South Washington Square (4me Rue Ouest).

NOTA. — Les personnes qui désirent concourir au succès de cette bonne œuvre sont priées d'adresser leurs offrandes au Révérend Père V. Humbert, S. P. M., 69 South Washington Sq., New York.

A. DAVOT & C. STOERCKEL

475 FOURTH AVENUE

NEW YORK

Pâtisserie · Confiserie · Cuisine

DE PREMIÈRE QUALITÉ

DINERS EN VILLE SUR COMMANDE

Engagent les amateurs à vouloir bien les honorer de leur confiance.

H. M. EHRINGER

FABRICANT ET NÉGOCIANT EN

Articles de Peinture

Produits Chimiques. — Articles pour Artistes
Peintres, Couleurs, Huiles, Vernis, etc.

73 SOUTH WASHINGTON SQ.

Près Wooster St.   NEW YORK

Telephone Call: 1112 Spring Street.

Autres Écoles Maternelles.

Salles d'Asile. — No. 2 South 5th Avenue et 208 West 20me rue ; fondées par l'Union des Sociétés.
Salle d'Asile. — No. 155 Prince street ; dirigée par Mlle Viller.

Institutions Particulières pour Jeunes Gens.

Académie de Saint-Vincent de Paul, 129 West 23e Rue, sous la direction des Pères de la Miséricorde.
Collège Saint-Louis, 15 West 43e rue ; P. Brophy, principal.

Institutions pour Demoiselles.

Académie des Ursulines, 150 Westchester Avenue, East Morrisania.
Académie de Saint-Vincent de Paul, 116 West 24e Rue ; sous la direction des Sœurs Marianites.
Académie du Sacré-Cœur, 49 West 17e rue.
Institution de Mme Van Norman, 20 Central Park et West 62e Rue.

Cours Gratuits d'Anglais.

Des cours gratuits de langue anglaise, sous la direction de MM. les professeurs Batchelor et Cantel, sont ouverts du premier lundi d'octobre à la fin d'avril, à l'école publique de la 13e rue, entre les 7e et 8e Avenues. Pour suivre ces cours, si utiles à nos compatriotes, il n'est d'autre formalité à remplir que de se faire inscrire à l'époque annoncée par les journaux.

ÉGLISE CATHOLIQUE DE ST.-VINCENT DE PAUL.
Ouest 32e Rue, entre 6e et 7e Avenues.
Des Prêtres de la Miséricorde.
Le P. SEPTIER, S. P. M., Pasteur.

Messes. — Dimanches et fêtes d'obligation, à 6, 7, 8 et 9 heures, et grand' messe à 11 heures. Une messe spéciale avec petite instruction *exclusivement pour les enfants* se dit aussi à la chapelle à 9 heures tous les dimanches. Jours de semaine, à 6½, 7, 7½ et 8 heures. Pendant la Carême, il y a une messe à 9 heures.
Vêpres et Bénédiction. — Les dimanches à 4 heures ; les fêtes d'obligation à 8 heures du soir. Relevailles et bénédiction d'objets de piété, après vêpres.
Baptêmes. — Les dimanches de 2 heures à 4 heures, et après 5 heures du soir. Les jours de semaine de 7 h. à 8 h. du soir.
Mariages. — Au temps précédemment convenu avec les parties et le consentement du Pasteur.
Confession. — Tous les matins avant et après les messes, de 6½ à 9 heures. Les vendredis, de 4 à 6½ heures et de 8 à 9 heu-

MAISON ÉTABLIE EN 1849

J. WINTERBOTTOM & SONS

ENTREPRENEURS DE

Pompes Funèbres

194-196 SPRING ST.
638 6me AVE., entre 37me et 38me Rues

NEW YORK

SOINS attentifs et prompts le jour et la nuit. Corps préparés pour être transportés en France, d'accord avec les règlements du gouvernement français. Entrepreneurs du gouvernement français depuis de longues années.

TERMES MODÉRÉS

res du soir. Les samedis, de 3 à 6½ heures, et de 8 à 10 heures du soir.

Visites de Malades. — A toute heure.

Services funèbres sur demande.

Sociétés religieuses. — Archi-confrérie de N.-D. des Victoires, le premier dimanche du mois, aux vêpres. Société du Saint-Rosaire, le dernier dimanche du mois, après les vêpres. Association de Saint-Joseph, le deuxième dimanche du mois à 7½ heures du soir. Société des Enfants de Marie. Société de Secours aux Ames du Purgatoire — œuvre du Sanctuaire. Sodalité de Saint-Louis de Gonzague, pour jeunes gens, réunion tous les dimanches à 5 heures du soir. Œuvre de la Propagation de la Foi.

Institutions. — Conférences de Saint-Vincent de Paul. Comité de Secours pour les Pauvres. Asile de Saint-Vincent de Paul pour les Orphelins. Bibliothèque paroissiale.

ÉGLISE PROTESTANTE DU SAINT-ESPRIT.
30 et 32 West 22e Rue.

Service divin. — Le dimanche matin à 10½ heures et à 4 heures de l'après-midi.

Ecole du dimanche et *classe du catéchisme.* — Le dimanche à 3 heures de l'après-midi.

Etudes bibliques. — Le mercredi soir à 7½ heures.

ŒUVRES DIVERSES.

Ecole du jour. — De 9 heures du matin à 3 heures de l'après-midi.

Ecole du soir. — Le mardi et le vendredi à 7½ heures.

Ecole de couture. — Le samedi à 2 heures de l'après-midi.

Soirées maternelles. — Le premier et le troisième lundis de chaque mois.

Cercle-Coligny. — Le deuxième et le quatrième lundis de chaque mois.

Secours mutuels. — Les mêmes jours.

Rév. A. V. WITTMEYER, recteur, 216 West 25e Rue.

ÉGLISE ÉVANGÉLIQUE FRANÇAISE
126 et 128 West 16e Rue, entre 6e et 7e Avenues.

Cultes. — Prédication le dimanche à 10½ heures du matin et à 7½ heures du soir.

Réunion de prières et exercices de chant. — Le mercredi à 7½ heures du soir.

Société chorale. — Le mardi à 8 heures du soir.

Ecole du dimanche. — A 8 heures du matin.

Classe de couture et de lecture. — Samedi à 3 heures.

Sociétés religieuses. — Union Chrétienne de Jeunes Gens, le dimanche à 4 heures. Union Chrétienne de Jeunes Filles, le

LE
Courrier des États-Unis

ORGANE DES POPULATIONS DE LANGUE FRANÇAISE

19 BARCLAY STREET

NEW YORK

Le seul journal français d'Amérique publiant des dépêches spéciales de son correspondant de Paris, les dépêches de France et autres pays d'Europe, de tous les grands journaux de New York, ainsi que les dépêches de la Presse Associée de toutes les parties du monde. C'est-à-dire un ensemble de nouvelles de France, d'Europe, d'Amérique, etc., qu'on ne peut trouver dans aucun autre journal.

ABONNEMENTS :

Édition Quotidienne.

ÉTATS-UNIS, CANADA ET MEXIQUE.	UNION POSTALE.
Un an $12.60	Un an ....Fr. 84.25
Trois mois 3.40	Trois mois 22.30

(*Courrier du Dimanche* compris.)

Courrier du Dimanche.

Un an $2.50	Un an ....Fr. 18.20
Six mois 1.50	Six mois 10.40

Édition Hebdomadaire.

Un an $5.20	Un an ....Fr. 31.50
Trois mois 1.50	Trois mois 9.15

Les Abonnements sont payable d'avance et partent du 1er ou de chaque mois.

dimanche à 4 heures; M. le Pasteur Grandliénard reçoit à l'église, salle d'en bas, le mercredi et le samedi, de 4 à 7 heures du soir.

Journaux et Publications Diverses.

Courrier des États-Unis, journal quotidien, 61e année, H. P. Sampers et Cie, propriétaires-éditeurs, 19 Barclay street.

L'Indépendant, journal quotidien, 5e année, L. Lafon, directeur-gérant, 153 Wooster street.

Le Franco-Américain, publication mensuelle, 6e année, L. Tesson et Cie, éditeurs-propriétaires, 168 Pearl street.

Le Français, revue mensuelle de grammaire, 9e année, 21 University Place.

Guide Franco-Américain, J. Roussel et Cie, propriétaires-éditeurs, 64 Ann street.

Sewing Machine World, publication trimestrielle, en quatre langues, Emile James, éditeur-propriétaire, 44 Clinton Place.

Sociétés Françaises de New York et des Environs.

Alliance (L'), secours mutuels, 22 South 5th Avenue.
Amitié (L'), secours mutuels, chez Bernard Bernigole, 440 6e Avenue.
Avenir (L'), secours mutuels, 440 6e Avenue.
Bataillon des Gardes-Rochambeau, au coin de 3e rue et South 5th Avenue.
Bataillon des Gardes-Lafayette, 21 S. 5th Avenue.
Cercle Français de l'Harmonie, 38 Clinton Place.
Cercle Méridional des Félibres. Chez Lieutaud, 185 Bleecker st.
Cercle Philanthropique et Musical de l'Orphéon Français. Chez Poujade, 21 South 5th Avenue.
Clémente (La) Amitié Cosmopolite, No. 410, 33 Union Square.
Colmarienne (La) et Ligue des Patriotes, 440 6e Avenue.
Concorde (La), No. 43, Odd Fellows, Bleecker Building, Bleecker street. Boîte aux lettres, 853 Broadway.
Culinaire Cosmopolite, secours mutuels, 440 6e Avenue.
Culinaire Philanthropique, secours mutuels, 440 6e Avenue.
Espérance (L'), société chorale, 62 East 4th street.
La Famille, société d'assurances sur la vie, 21 S. 5th Avenue.
La Fraternelle Cosmopolite, secours mutuels, 22 S. 5th Avenue.
L'Israélite Française, secours mutuels. Chez M. Rosenstiel, 414 West 28th street.
Jeune France, cercle lyrique et dramatique, 41 West 4th street.
La Loge Foyer Ardent, F. M., No. 1, "Chimney Corner", coin de la 25e Rue et 6e Avenue.
La Loge Rayon Fraternel, F. M., No. 2, "Chimney Corner," 25e Rue et 6e Avenue.
Loge Gambetta, No. 349, A. O. U. W., 200,000 membres, assurances mutuelles sur la vie, $2,000. Chez Gautier, 510, 6e Ave.

Loge Gaston, même ordre et même assurance. Chez Koster et
  Bial, coin de la 24e rue et 6e Avenue.
Loge Helvetia No. 217, A. O. U. W., fondée en 1887, même Or-
  dre que les deux sociétés précédentes; société d'assurances
  sur la vie, $2,000 et société de secours mutuels. Chez Kase-
  fang, 283 et 285 7e Avenue.
Loge du Nouvel Orient, F. M., 278 Bleecker street.
Mardi Gras Association, amusements, 440 6e Avenue.
La Prévoyante, société d'assurances mutuelles sur la vie, fondée
  en 1888, 153 Wooster street.
Red Men, IMP. O. R. M.
  Huron Tribe, No. 35, 327 Bowery.
  Idaho Tribe, No. 36, 193 Bowery.
  Ontario Tribe, No. 38, 295 Bowery.
  Sioux Tribe, No. 56, 283 et 285 7e Avenue.
  Ponemah Council, No. 5 (degré des dames), 94 W. Houston.
Sincérité, No. 69, Odd Fellows, coin de la 25e Rue et 8e Avenue.
Sincérité, No. 273, F. M., Temple Maçonnique, 23e Rue et 6e
  Avenue.
Union Alsacienne, secours mutuels, 62 East 4th street.
Union des Patrons Boulangers, 440 6e Avenue.
Union Française, No. 17, F. M., Temple Maçonnique, 23e Rue
  et 6e Avenue.
Union Fraternelle Française, F.M., 68 South Washington Square.
Union des Sociétés Françaises de New York, 21 S. 5th Avenue.
Union Universelle de l'Art Culinaire, 107 West 25th street.

BROOKLYN.

Lafayette, secours mutuels, H. Winter's Teutonia Hall, coin de
  Harrison Avenue et Bartlett street, Brooklyn.
La St. Louis, secours mutuels, Salle d'Ecole, Siegel street,
  Brooklyn.
La Prévoyance, secours mutuels, 1630 Fulton st., Brooklyn, E. D.
Fraternité Alsacienne, secours mutuels, 92 Meserole street,
  Brooklyn.

NEWARK.

Union Chorale de Newark, William street, Newark.
Société Alsacienne-Lorraine, Springfield Avenue, Newark.

JERSEY CITY HEIGHTS.

L'Union, secours mutuels, Prescott House, Paterson Avenue,
  Jersey City Heights.
Liberty Guards, militaire et de secours mutuels, Central Ave-
  nue, coin de Bleecker street, Jersey City Heights.
Salle d'Asile d'Hudson County, bienfaisance, Central Avenue,
  près North street, Jersey City Heights.

Sociétés Suisses.

Swiss Club, 73 East 4th street.
Société Chorale Helvétienne, 73 East 4th street.
Société Suisse de Gymnastique et de Lutte, 123 W. Houston st.
Société Tessinoise, secours mutuels, Hôtel Ticino, Thompson st.
Société Générale Suisse de Secours Mutuels et de Bienfaisance, 16e Rue et 3e Avenue.
Société Suisse de Bienfaisance, *Swiss Home*, hôpital et Maison de refuge, 108 2d Avenue.
Société du Grütli, 62 et 64 West 4th street.
Swiss Rifle Club.

Sociétés Belges.

Société Belge de Bienfaisance, 98 Chambers.
L'Union Belge, secours mutuels, 77 Nassau street.

Société Canadienne.

Société Saint-Jean Baptiste, 295 Bowery.

PROFESSIONS LIBÉRALES.

Artistes.

Dangon, 3 West 14th street.
Frérot, E., 124 W. 25d street.
Gallice, 36 Beekman street.
Leroy, A., 744 Broadway.
Roberty, G., 41 West 4th st.
Rouelle, A., 306 East 73d st.

Avocats.

Benneville, E., 140 Nassau st.
Bérard, E., 40 Wall street.
Cottman, 210 Produce Exch.
Coudert frères, 68 William st.
Furber, A., 293 et 295 B'way.
Gilhooly, A., 5 Beekman, Temple Court.
Huerstel, E., 290 Broadway.
Lamarche, 51 Chambers street.
Mathot, L., 280 Broadway.
Vieu, H., 317 Broadway.

Dentistes.

Dubar, C., 251 West 22d street.
Jehl, 225 Bowery.
Ranhofer, E., 227 W. 34th st.

Docteurs-Médecins.

Agramonte, G., 435 W. 22d st.
Brocquet, E., 306 East 14th st.
Burguet, 224 West 15th street.
Bournonville McCauley, 153 Lexington avenue.
Durant, G., 46 West 32d st.
Carreau, J., 43 West 21st. st.
Chauveau, J. 134 W. Houston.
Collins, G., 265 W. 25th street.
Damainville, L., 251 West 84th street.
Deplasse, L., 28 West 24th st.
Duberceau, A., 238 W. 25th st.
Dufloo, A., 40 West 24th street.
Fontaine, L., 102 East 31st st.
Gabriel, M, 202 W. 23d. street.
Gaillard, Thomas, 600 Madison Avenue.
Henna, J., 125 East 25th st.
Heussy, 135 West 13th street.
Jova, A., 13 West 26th street.
Lyons, F., 136 East 49th street.
Martinache, E., 119 W. Washington Square.

CAISSE D'EPARGNES

Union Dime Savings Institution

BROADWAY, 32ME RUE & 6ME AVÉ.
NEW YORK

La banque est ouverte tous les jours de 10 h. du matin à 3 h. du soir; le Lundi de 10 h. du matin à 7 h. du soir.
On reçoit en dépôt depuis 10 cents jusqu'à 3,000 dollars.
Il est déclaré un Dividende en Janvier et en Juillet.

AVOIR $8,468,146.09
DOIT 7,907,113.17

Les envois d'argent doivent être adressés: "Union Dime Savings Institution." Les mandats-poste doivent être payables au bureau de poste E, à New York.
On parle français et volapuk.

F. KREI

Marchand Tailleur

58 & 60 UNIVERSITY PLACE

Entre les 12me et 13me Rues.   NEW YORK

Travail à Façon pour Dames et Messieurs

Nettoyage et Réparations exécutés promptement avec le plus grand soin.

Monory, L., 115½ Waverley Pl.
Consultations de 1 h. à 3 h.
et de 6 h. à 8 h. du soir.
Mouraille, G., 74 W. 12th st.
Rives, W., 43 East 41st street.
Scudder, C., East 33d street.
Seguin, E., 419 Madison Ave.
Wouters, F., 251 W. 52d street.

Pédicure.
De Voise, E., 390 6th Avenue.

Pharmaciens.
Caswell, W., 286 7th Avenue.
Fornel & Co., 697 Broadway.
Joannès, E., 62 S. 5th Avenue.
Krause, O., 349 7th Avenue.
Milhau, 183 Broadway.
Norbert Franck, 311 7th Ave.
Peraza, D., 301 3d Avenue.
Pharmacie Normale, coin d'University place et la 8e Rue.
Rieken et Luerssen, 69 6th Ave.
Vandenhenden, 755 9th Ave.

Professeurs d'Escrime.
Sénac, Régis, 1441 Broadway.
Rondelle, L., 106 West 42d.

Professeurs de Langue Anglaise.
Batchelor, 648 Broadway.
Cantel, 108 Lexington Avenue.

Langue Française.
Fezandié, E., 428 East 57th st.
Villa, Charles, 999 6th Avenue.

Professeurs de Musique.
Audureau, E., 212 E. 73d st.
Conterno, L., 54 South Washington Square.
Schwab, Max, 438 E. 56th. st.
Van Ghèle, Ch., 77 Nassau st.
Vicarino, E., 334 W. 18th st.

Professeurs de Piano.
Goubert, W., 301 W. 116th st.
Roys, Mme, 522 W. 42d street.
Jacob, Ch., 73 West 105th st.

MAISONS RECOMMANDÉES.

Agence de Billets de Passage
Zwilchenbart, A., 143 Greenwich street.
Schwartz, H., 273 West 23d st.

Articles pour Cuisiniers.
Lagneau et Cie, 237 7th Ave.

Articles de Dessin et Peinture.
Benoît, A., 148 Fulton street.

Articles en Fil de Fer.
Bataille, A., 122 West Broadway.

Articles pour Pharmaciens.
Paturel et Cie, 56 Duane street

Articles de Voyage.
Aronson, A., 290 Bleecker st.
Rescousie, A., 42d street et 8th Avenue (basement).

Assurances.
Martin, J. M., 120 Broadway.

Bains (Etablissement de).
Romanetti, Veuve, 19 University Place.

Banquiers.
Banque Française, 5 Broadway.
Belmont, A., 36 Wall street.
Cantoni et Cie, 25 Wall street.
Hoguet, H., 51 Chambers st.
Horner, E., 65 Wall street.
Iselin et Cie, 36 Wall street.
Lazard frères, 10 Wall street.
Richard et Cie, 61 Broadway.
Zimmerman et Forshay, 11 Wall street.

Bazars et Articles de Ménage.
Lévy, J., 325 West street.
Ruegger, Ch. R., 80 S. 5th Ave.

Nouveautés de Paris

A. F. JAMMES

13 WEST 30th ST., NEW YORK

GANTS BOUCICAUT DU BON MARCHÉ; REYNIER DU LOUVRE ET JOUVIN, PARIS.

Seul dépôt à New-York de tous les produits de parfumerie des principales maisons de Paris, et du célèbre corset La Vallière.

Bonneterie, Lingerie. — Eventails riches. — Articles de luxe et de fantaisie.

NOS PRIMEURS ARRIVENT DANS NOTRE GLACIÈRE BREVETÉE.

J. PARENT & CO.

727 & 729 Greenwich St.

Importateurs d'artichauts, choux-fleurs, choux de Bruxelles, escargots, salade chicorée, etc.

CONSERVES ALIMENTAIRES

Truffes, petits pois, haricots verts, champignons, pois cassés.

FROMAGES

Camembert, Pont-Lévêque, Neufchâtel, Huile d'olive. Nous offrons au commerce excellent gruyère et roquefort et les meilleures saucissons de Lyon. Gros et demi-gros.

Meilleur café français, 23c. la livre, par 10 livres.

Bijoutiers.

Bayot, E., 103 East 14th st.
Blum, A., 16 University Place.
Dommergue, L., 516 E. 140th street.
Frankfield et Cie, 52 West 14th street.
Montandon, F., 117 Clinton Place.
Tiffany et Cie, 15 Union Sq.

Blanchisseries.

Barré, A., 202 West 26th st.
Mazoyers, 1486 Broadway, 240 East 30th st. et 348 4th Ave.
Steel, R., 38 à 50 Oakland Ave., Jersey City.

Boîtes à Musiques.

Jacot et Fils, 37 Maiden Lane.

Bouchers.

Baer, A., 922 Broadway.
Dauenhauer, 9 et 10, Clinton Market.
Fossier, A., 33 West 3d street.
Frank, A., 438 7th Avenue.
Harburger, H., 326 8th Ave. et 311, 9th Avenue.
Klosset, L., 7, 40, et 41, Jefferson Market.
Lazard, F., 294 7th Avenue.
Lelong, J., 20 South Fifth Ave.
Moine, A., 442 6th Avenue.

Bouchons.

Boera et Cie, 100 Maiden Lane.
Llado, F., et Cie, 132 Maiden Lane.
Montal, G., 90 West Houston street.

Boulangers.

Burki, F., 149 South Fifth Avenue.
Cunrath, J., 194 Bleecker st.
Faivre, L., 76 West 3rd street.
Griffou, M., 29 West 12th st.
Jung, H., 93 South Fifth Ave.

Tissier, M., 254 West 30th st.
Ughetta, G., 325 West 4th st.
Wanner, J., 137 Wooster st.

Bureaux de Placement pour Domestiques.

Mme Jacquin, S., 602 6th Ave.

Pour Cuisiniers.

Union Universelle, 107 West 25th street.

Pour Institutrices.

Mme M. Coyrière, 31 E. 17th street.

Cadres (fabricants de)

Dubernet, F., 26 Clinton Pl.

Chapeliers.

Banta, W., 218 6th Avenue.
Bourdonnay, L., 136 Bleecker street.
Tobin, W., 455 6th Avenue.

Charbon de Terre.

Clark, J., 805 9th Avenue.
Coal Mining Cie., 55 Broadway.

Charcutiers.

Barbier, A., 219 Wooster st.
Bergmann, B., 425 6th Ave.
Dumont, A., 176 Wooster st.
Perceval, Ch., 100 6th Ave. et 769 6th Avenue.
Violet, D., 64 South Fifth Avenue.

Chemisiers.

Aymone, M., 146 E. 14th st.
Rigault, E., 405 6th Avenue.

Coiffeurs.

Poujol, H., 907 Broadway.
Romanetti, Veuve, 19 University Place.

Coiffeurs pour Dames.

Ergens, E., 824 6th Avenue.
Bunout, G., 27 Union Square.

A LA VILLE DE PARIS

931 BROADWAY

M. PANON

Nouveautés Parisiennes en tous Genres.

PEINTURES, BRONZES, CURIOS, ETC.

A. P. ROCKWELL

IMPORTATEUR ET FABRICANT DE

FOURRURES

Dernières Nouveautés en Loutre de la Maison REVILLON FRÈRES, Paris et Londres.

EMMAGASINAGE ET REPARATIONS

731 BROADWAY, NEW YORK

Confiseurs.
Battais et Ode, 131 South Fifth Avenue.
Claisse, I., 16 Wooster street.
Etesse, L., 215 Wooster st.
Humbert, C., 9 Wooster st.
Maillard, H., Fifth Avenue Hotel et 178 Broadway.
Schall et Cie, 61 Barclay st.

Comestibles Français (Importateurs de).
Parent, J., 727 Greenwich st.
Pénissat, A., 47 Murray street.
Mouquin Rt. & Wine Co., 20 Ann street.

Cordonniers.
Dubreuil, P., 13 E. 16th st.
Levitsky, M., 274 Bleecker st.

Couleurs et Vernis.
Ehringer, H., 73 South Washington Square.
Lauer, P., 165 Prince street.

Courtier de Douane.
Ascher, S., 16 et 18 Exch. Pl.

Couturières.
Mme Dellac, 23 West 24th st.
Mme Jammes, 13 W. 30th st.
Mme Rivées, 53 East 21st st.
Mme Robinson, 101½ W. 49th street.

Eaux Minérales.
Eaux de Vals, Prof. Nemo, 64 Irving Place.
Eaux de Vals, source Beatrix, Charras et Cie., 30 Platt st.
Eaux de Vichy, Bouché et Fils, 37 Beaver street.
Eaux de Seltz, A., Ludin, 471 et 473 11th Avenue.

Epiceries.
Borradori, A., 221 Wooster st.
Clavel, J., 192 Bleecker st.
Follain, 116 7th Avenue.
Maspero, C., 18 University Pl.
Mouquin, 438 6th Avenue.

Express.
Liagre, L., 20 West 3rd st.

Fourneaux de Cuisine.
Duparquet et Huot, 43 et 45 Wooster street.
Moneuse et Cie, 130 South 5th Avenue.

Fourrures.
Rockwell, A., 731 Broadway.

Fruits, Légumes et Primeurs.
Ferrari, C., 241 Greenwich st.
Gentil, H., 226 Fulton street.
Reisser, G., et Cie, 60 et 61 Washington Market.

Gants de Peau.
Chanut, J., et Cie., 2 W. 14th street.
Grosjean, H., 1192 Broadway.
Jammes, 13 West 30th street.

Glacières-Delpy.
Dermigny, L., 126 W. 25th st.

Hôtels.
Hotel de Californie, J. Cousy, 130 West 26th street.
Hotel de France, Jacobs et Cie, 23 West 3rd street.
Hotel Frascati, J. Tibesar, 6 West 28th street.
Hotel Griffou, 19, 21 et 22 West 9th street.
Hôtel Grütli, Martin Gasser et Cie, 63 Greenwich street.
Hôtel du Louvre, F. Pons, 53 West 28th street.
Hôtel du Luxembourg, F. Duquenne, 400 6th Avenue.
Hôtel Martin, 15, 17 et 19 University Place.
Hôtel de Paris, E. Rovel, 75 Christopher street.
Hôtel des Transatlantiques, E. Eislér, 167 et 169 Christopher street.
Hôtel Wahrenberger, E. Pflugi, 130 Greenwich street.
Hôtel de Vulder, Fort Lee.

JACOT & SON

37 MAIDEN LANE, NEW YORK

IMPORTATEURS DE

BOÎTES À MUSIQUE

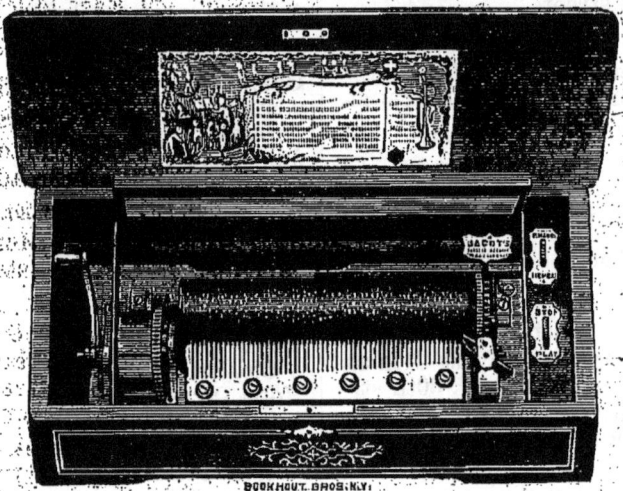

De tous prix, variant de 75 Cents à $1,500.

La maison possède également un assortiment d'Articles de Fantaisie à Musique, tels qu'Albums, Automates, Boîtes à Ouvrage, Carafes, Châlets, Porte-Cigares, etc.

N. B.—Toutes nos boîtes sont pourvues de notre Arrêt de Sûreté.

Réparations des Boîtes à Musique faites par des experts.

Imprimeur.
Weiss, L., 64 Ann street.

Lampes.
De Cezilly, J., 1208 Broadway.
Dardonville, J., 327 5th Ave.

Libraires.
Blanck, A., 18 S. 5th Avenue.
Bonaventure, E., 4 Barclay st.
Dermigny, L., 126 W. 25th st.
Jenkins, W. R., 851 et 853 6th Avenue.
Le Roy, A. et Cie, 4½ Barclay st.
Sampers et Cie, *Courrier des Etats-Unis*, 19 Barclay st.

Machines à Coudre.
James, Emile, 44 Clinton Place.

Matelas et Sommiers.
Duval, Mme, 111 Clinton Place.

Mécanicien.
De Beauvais, J., 2 et 4 Howard street.

Menuisier.
Dubois, J., 80½ Greene street.

Modiste.
Elise Chollet, Mlle, 53 East 21st street.

Nouveautés.
Bates, L. et Cie, 23d street et 6th Avenue.
Stern Frères, 32, 34 et 36 W. 23d street.

Objets d'Art en tous genres.
Panon, M., 931 Broadway.

Opticiens.
Baradel, 288 3d Avenue.
Montandon, F., 117 Clinton Pl.

Pâtisserie Française.
Bertrand, J., 265 Grand street.
Davot et Stoerckel, 475 4th Avenue.
Mazetti, L., 867 6th Avenue.
Verhaeren, G., 215 6th Ave.

Parfumerie Française.
Strauss Frères et Cie, 72 Reade street.

Pendules Françaises et Bronzes.
Jacques, Ch., 2 Maiden Lane.

Pensions (Boarding-houses).
Dubois, E., 73 Washington Pl.
Félix, J., 52 West 25th street.
Germain, A., 80 Clinton Place.

Photographes.
Bernard, A., 401 Canal street.
De Ligarde, G., 102 West 18th street.

Pianos.
Sohmer, 149 East 14th street.
Weber, 5th Avenue et West 16th street.
Martins & Son, 17 E. 16th st.

Plombiers et Gaziers.
Bur, A., 33 Clinton Place.
Ford, J., 62 West Broadway.

Plumes d'Autruche.
Moch, L., et Cie, 173 Mercer st.
Bacquet, E., 222 Wooster st.

Poissons.
Elsey, J., 4, 5, 7, 8, 9 et 10, West Washington Market.
Reily, J., 88 Vesey streeet.
Sherrer, M., 187 Wooster st.

Pompes Funèbres.
Luke Clark - Fils, 209 West 23d street.
Winterbottom et Fils, 194 Spring street.

Potages et Pâtés de Gibiers Conservés.
Franco-American Food Co., A. Biardot, 101 Warren st.

Restaurants.
Armand, A., 49 W. 24th street.
Benezech, L., 111 Bleecker st.
Breiser, G., 163 3d Avenue et 648 Broadway.
Café Savarin, 120 Broadway.
Delisle Frères, 66 Beaver st. et 113 Pearl street.

PIANOS DROITS

MARTINS & SON

FABRICANTS

No. 17 EST 16me RUE

NEW YORK

PIANOS À LOUER

RÉPARATIONS ET ACCORDS

Vente de Pianos neufs et d'occasion par paiements mensuels.

Frascati, 6 West 28th street.
Germain, 80 Clinton Place.
Jacquin, Ch., 456 6th Avenue.
Lantelme, Jules, 40 Union Sq.
Leblanc, Alfred, 127 Bleecker street.
Martin, J. B., 17 et 19 University Place.
Mouquin, H., 149 Fulton et 20 Ann street.
Plavano, 28 East 23th street.
Restaurant du Bœuf à la Mode, 112 West 24th street.
Restaurant et Café de l'Opéra, 1425 Broadway.
Restaurant du Luxembourg, 400 6th Avenue.
Romaet, Ch., 77 Nassau street.
Restaurant Tellier, Fort Lee.
Viano, A., 41 et 43 E. 18th st.

Rubans, Fleurs et Plantes Artificielles.

Ginoris, M., 18th street et 6th Avenue et 17th S. 5th Ave.

Tabacs.

Vanni F., 25 S. 5th Avenue.
Hôtel Martin. Dépôt des Manufactures Nationales de France.

Tableaux.

Knœdler et Cie, 170 5th Ave.
Panon, M., 931 Broadway.

Tailleurs.

Dresher, E., 52d East 9th st.
Krei, F., 60 University Place.
Trillard, E., 253 4th Avenue.

Tapisserie et Literie.

Duval, U., 111 Clinton Place.
Zaller, L., 208 W. 28th street.

Teinturiers-Dégraisseurs.

Dubé, L., 271 6th Avenue.
Jolly, C., et Fils, 922 Broadway et 61 East 12th street.
Legry, M., 21 Clinton Place.
Thibault, 398 5th Avenue et 263 Fulton street, Brooklyn.

Traiteurs.

Davot et Stoerckel, 475 4th Avenue.
Mazetti, L., 867 6th Avenue.
Verhaeren, G., 215 6th Ave.

Vins de Champagne.

Bouché Fils et Cie (Bouché sec), 37 Beaver street.
Heidsieck, Ch., Emile Schultze et Cie, 36 Beaver street.

Vins et Liqueurs.

Antoine, F., 139 Bleecker st.
Arnaud, F., 2 S. 5th Avenue.
Arnaud, P., 192 Prince street.
Baron, J., 181 Bleecker street.
Balta Frères, 104 William st.
Berger et Cella, 121 W. 3d st.
Bonnet, A., 43 W. 30th street.
Bouché Fils et Cie, 37 Beaver street.
Brunner et Fils, 121 W. 26th st.
Buala, B., 125 W. 26th street.
Carpy et Cie, 1 Pearl street.
Chambon, E., 117 W. 26th st.
Chapuis, N., 5 S. William st.
Fort, A., 128 W. 19th street.
Ginocchio, L., 36th Avenue.
Gourd et Tournade, 25 South William street.
Jacoutot, A., 49 Broad street.
Lebailly, L., 1268 Broadway.
Leblanc, Alf., 127 Bleecker st.
Linder, Ph., 69 W. Houston st.
Loiseau et Cie, 6 S. William st.
Mirabel, L., 112 W. 14th st.
Mouquin, H., 20 Ann street.
Pacheteau, J., 114 Bleecker st.
Peuquet, J., 177 Mercer street.
Rigny, A., 2 West 13th street.
Schlaeppi Frères, 136 Bleecker street.
Schultze, E., 36 Beaver street.
Simar, A., 480 8th Avenue.
Verbouwens, E., 75 W. Houston street.
Vignot, Alf., 14 S. 5th Avenue.

Voitures et Coupés.

Van Cott, 114 Clinton Place.

BALTA FRÈRES

104 William St., N. Y.

IMPORTATION DIRECTE DE

VINS FRANÇAIS : — Château-Léoville, Château-Larose, Beaujolais, Nuits, Pommard, Beaune, Pontet-Canet, Médoc, Saint-Julien, Saint-Estèphe, Saint-Emilion, Sauterne, Haut-Sauterne.

VINS DU RHIN : — Laubenheimer, Wachenheimer, Niersteiner.

VINS D'ESPAGNE : — Vino del Pasto, Priorato, Moscatel, Malvoisie, Madère, Xérès.

VINS D'ITALIE : — Chianti, Vermouth.

VINS AMÉRICAINS : — Champagne, Vins blancs, Vins rouges, Vins doux.

Etant les seuls représentants des VIGNOBLES SAINT-JOSEPH, nous pouvons fournir une bonne variété des vins de Californie, garantis absolument purs, à des prix très bas.

DEMAMDEZ LE CATALOGUE

Livraison à domicile.

TABLE DES MATIÈRES

	PAGE
Conseils Pratiques aux Voyageurs	3
Naturalisation	5
Extraits des Lois de l'État de New York	7
Les Salaires aux Etats-Unis	11
Consulat de France	13
Tarif des droits à percevoir dans les chancelleries consulaires	15
Service Militaire	17
Armée Française	21
Contrats	27
Tarif de Douane	26
Renseignements Généraux pour les Importateurs	55
Tableaux Comparatifs des Distances, Monnaies, Poids et Mesures, Thermomètres en usage en France et aux Etats-Unis	57
Valeur Légale des Monnaies Étrangères	63
Tableau des francs de France, Suisse, Belgique ; Lires italiennes, Pesetas espagnoles et Drachmes de Grèce au Taux de 19 3/10 chaque	65
Litres Réduits en Quartes	67
Kilos Réduits en Livres Avoirdupois	69
Tableau Comparatif des Thermomètres Fahrenheit, Centigrade et Réaumur	71
États-Unis de l'Amérique du Nord	73
États et Territoires	77
Colonies Françaises en Amérique	105
États et Villes de l'Amérique Centrale et de l'Amérique du Sud où se trouvent des Ministres et Consuls français	109
Terres publiques	111
Homestead Act	113
Gouvernement Fédéral	115
Le Droit de Suffrage	117
L'Élection Présidentielle	118
Brevets d'Invention	121
Propriété Littéraire	125
Marques de Fabrique	127
Renseignements Utiles aux Commerçants	127
Service Général des Postes	135
Affranchissements	137
France et Union Postale Universelle	140
Télégraphes	145

"LA NEW YORK"

Compagnie d'Assurances sur la Vie

(The New York Life Insurance Co.)

SIÈGE SOCIAL :

346 & 348 BROADWAY

NEW YORK

WILLIAM H. BEERS, Président.

MM. les Etrangers, assurés à La New York, voyageant dans les Etats-Unis, le Canada, le Mexique, l'Amérique du Sud ou les Antilles, sont invités à s'adresser aux Directeurs ou aux Agents Généraux de la Compagnie dans les localités qu'ils pourraient visiter, pour tous renseignements dont ils auraient besoin.

Les représentants de la Compagnie se tiendront entièrement à leur disposition pour leur donner, autant qu'il sera en leur pouvoir, tous les conseils et les informations qui sont de tant d'utilité aux personnes voyageant ou résidant temporairement dans des pays autres que le leur. La Compagnie a des succursales dans toutes les villes importantes des Etats-Unis.

SUCCURSALES PRINCIPALES A L'ÉTRANGER :

MONTRÉAL, Place d'Armes.
LA HAVANE, Mercaderes 8.
BUENOS AYRES, Piedad 556 Altos (Numero Nuevo).
MEXICO, Plazuela de Guardiola.
RIO DE JANEIRO, Rua do Hospicio 31.
SANTIAGO DE CHILI, Huerfanos, 27 Altos.
PARIS, 16 Boulevard des Italiens.
LONDRES, 76 & 77 Cheapside.
BERLIN, Leipziger Strasse, 124.
BRUXELLES, 13 Rue du Congrès.

VIENNE, Am Graben.
TURIN, Via Po, 9.
MADRID, Alcala, 16.
LISBONNE, 64 Caes do Sodré.
AMSTERDAM, Keizersgracht, 494.
ST. PETERSBOURG, 22 Perspective Nevsky.
BUDA-PESTH, 20 Kronprinz Strasse.
STOCKHOLM, Hamngaten 38.
CHRISTIANA, Stortorvet 2.
COPENHAGUE, Vimmelskaftet, 47.
VEVEY, 21 Grande Place.

	PAGE
Cables Transatlantiques	147
Gouvernement de l'Etat de New York	159
Ville de New York	161
Administration Municipale	163
Marchés	165
Administration du Comté de New York	165
Département de la Police	167
Cours de Justice Siégeant dans la Ville de New York	169
Douane	171
Internal Revenue	171
Consuls Étrangers à New York	171
Caisses d'Epargnes	175
Messageries	177
Théâtres et Musées	177
Téléphones	178
Commissionnaires (Messenger boys)	179
Voitures	179
Chemins de Fer Elevés	181
Tramways ou Cars	183
Bateaux-Ferries	185
Chemins de Fer	187
Distances et Heures de Chemin de Fer de New York aux Principales Villes des Etats-Unis	188
Compagnies de Navigation à Vapeur pour l'Europe	189
Ports en communication directe avec New York	195
Institutions Françaises de Charité	197
Ecoles Maternelles	201
Institutions Particulières pour Jeunes Gens	201
Institutions pour Demoiselles	201
Cours Gratuits d'Anglais	201
Eglises Françaises	201
Journaux et Publications Diverses	205
Sociétés Françaises de New York et des Environs	205
Sociétés Suisses	207
Sociétés Belges	207
Société Canadienne	207
Professions libérales	207
Maisons Recommandées	209

Institut Van Norman

20 CENTRAL PARK WEST & 62d STREET
NEW YORK CITY

MAGNIFIQUE Institution pour Jeunes Filles, donnant sur le Parc Central. Enseignement supérieur dans toutes les branches. Langues étrangères. Arts d'agrément enseignés par des professeurs expérimentés.

Classes enfantines, méthode Pape Carpentier ou Frœbel Kindergarten.

Education parfaite, nourriture très confortable et soins les plus vigilants, tels sont les titres qui recommandent aux familles cet établissement de premier ordre fondé en 1857.

ENVOI DU PROSPECTUS SUR DEMAMDE.

LOUIS MATHOT

AVOCAT ET NOTAIRE

280 BROADWAY 280

STEWART BUILDING

Residence, 137 West 21st Street

NEW YORK

Office, PARIS ET BRUXELLES

A. DAVOT & C. STOERCKEL

475 4ME AVENUE

Patisserie · Confiserie · Glaces · Sorbets · Cuisine

LE TOUT DE PREMIÈRE CLASSE

Dinner Parties, Wedding Receptions, etc.

Engagent les amateurs à vouloir bien les honorer de leur confiance.

TAPISSERIE ET LITERIE

Meubles et réparation, décoration et coupe de housses, refait les matelas à domicile si on le désire, ainsi qu'à la campagne. Choix de Coutil et de Crin. Matelas en crin depuis $7.00.

LOUIS ZALLER

208 WEST 28TH ST.,   NEW YORK

COMPAGNIE UNIVERSELLE
DU
CANAL INTEROCEANIQUE
DE PANAMA

BUREAU DU COMITÉ AMÉRICAIN:

MILLS BUILDING

No. 15 Broad Street

NEW YORK

R. W. THOMPSON,　　　　　CH. COLNÉ,
Président.　　　　　　　　Secrétaire.

MAISON DE CONFIANCE
La
FRANCO-AMERICAN WINE & BRANDY
IMPORTING CO.

Incorporée le 5 Mars 1867, au capital de $500,000.

Seul Agents des propriétaires réunis des deux Charentes (France) pour les Cognacs et Fines Champagnes.

On peut se procurer dans cette compagnie, au plus bas prix du marché de New York, les Vins et Liqueurs des meilleurs crus de l'Europe et des Etats-Unis, les recevant directement des propriétaires de vignobles ce qui en garantit la pureté.

Les ordres par la poste sont solicités. S'adresser :

159 Ninth Avenue, New York City

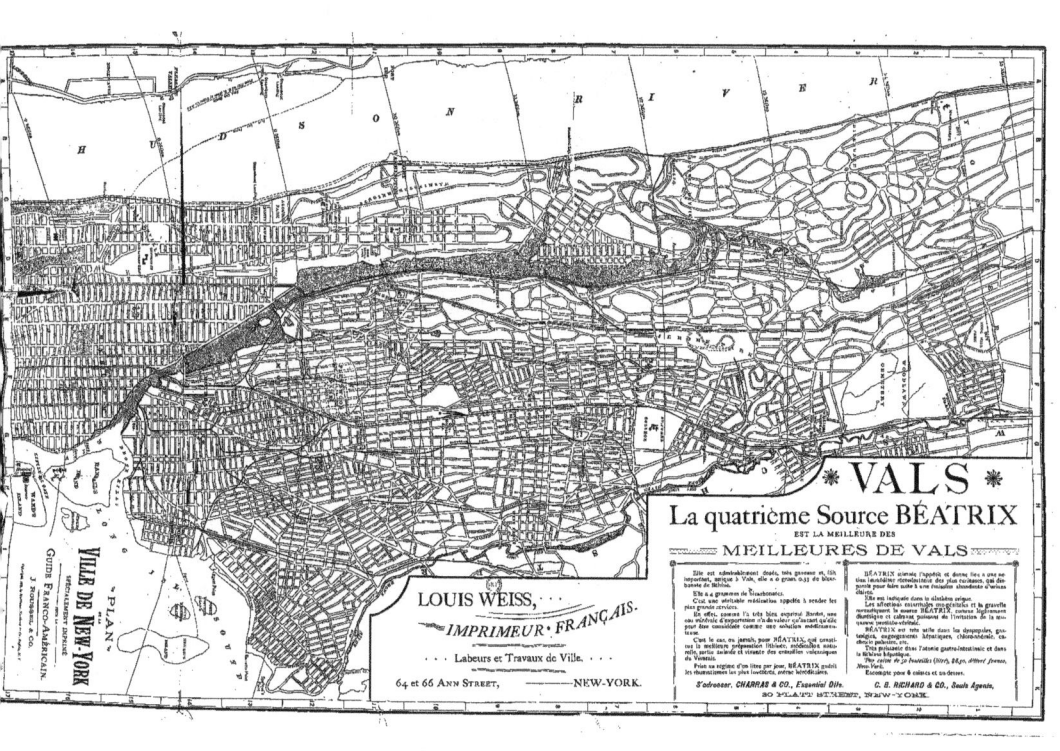

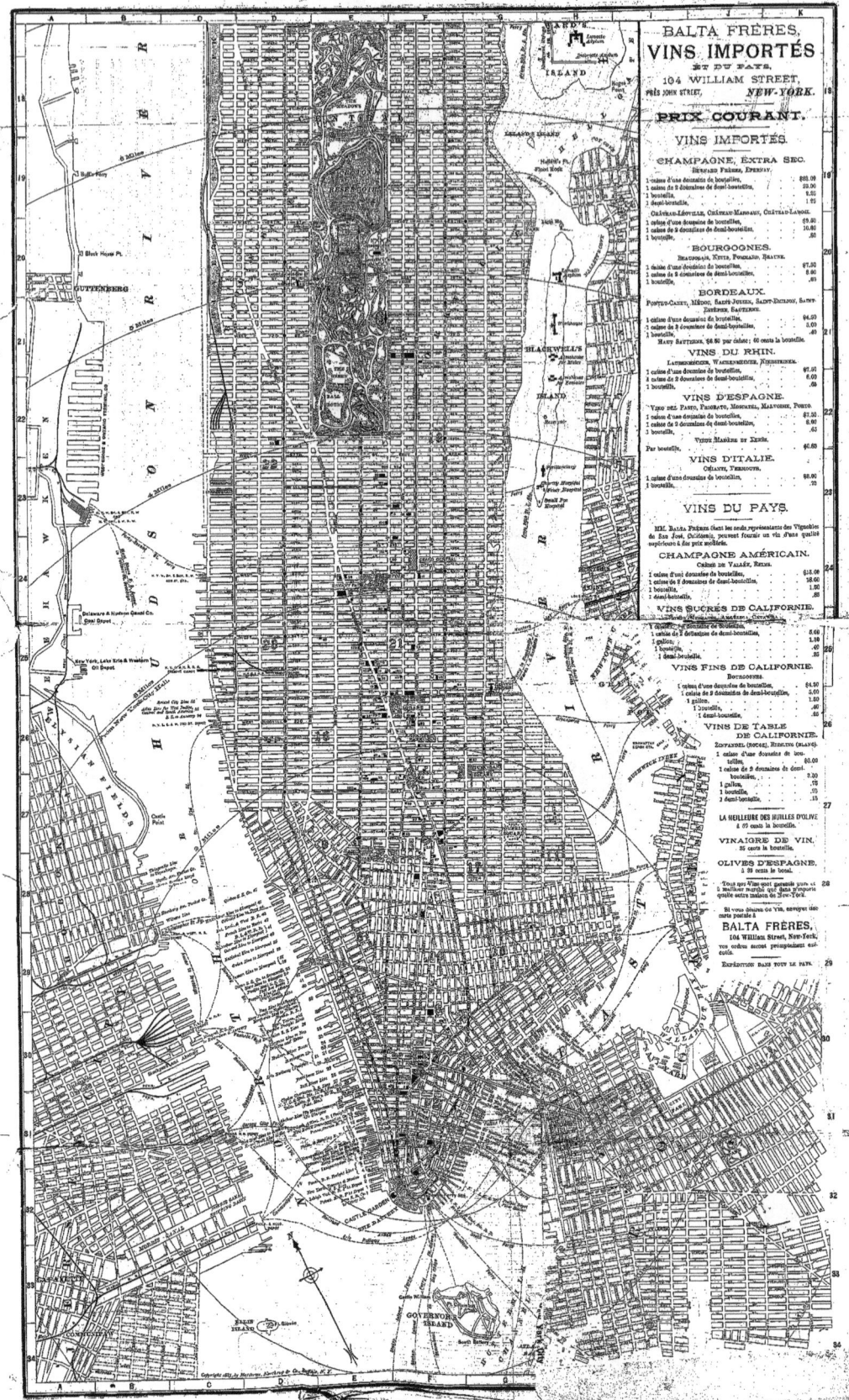

C. CARPY & CO.

Propriétaires de Vignobles, à NAPA, Californie.

Vins Blancs et Rouges

DE CALIFORNIE

QUALITÉ SUPÉRIEURE, TELS QUE

Chasselas, Hock, Port, Sherry, Bourgogne, Zinfandel, Cabernet, Angelica, Malaga, etc., etc.

CELLIERS ET DISTILLERIE A NAPA CITY

DÉPÔTS ET BUREAUX :

5 & 7 RUE SACRAMENTO, SAN FRANCISCO

No. 1 PEARL STREET

Coin de State Street.   NEW YORK

28 TIRAGES PAR AN

Et exemption absolue de toutes pertes possibles.

Obligations Européennes á Primes

NE PERDEZ PAS UNE OCCASION SPLENDIDE

Tirages chaque mois

Un versement de $5 vous donnera le droit de prendre part à 28 tirages annuels. La somme versée sera portée au crédit de l'acheteur comme payement partiel de ces obligations.

GRANDS PRIX DE $2,000,000, $1,000,000, $100,000, $50,000, etc., etc.

Nous donnons cette occasion de placer de l'argent sur ces obligations à la portée de tous en vendant les séries d'obligations constituant ces tirages au moyen de versements mensuels de $5 et le premier versement donnant immédiatement à l'acheteur tous les droits que possède le propriétaire définitif au prochain tirage mensuel dont nous fournirons gratuitement la liste après chaque tirage.

Ces obligations seront toujours achetées par nous au cours du marché et acceptées également comme garanties de prêt.

Il ne faut les confondre avec aucun système de loterie et elles ne sont pas considérées de la sorte par les cours des Etats-Unis. Ce sont des obligations semblables à celles des Etats-Unis, et elles sont émises par les gouvernements européens les plus solides.

Envoyez vos ordres à

E. H. HORNER, Banquier
65 Wall St., New York

En y joignant le premier versement de $5, dont le reçu, qui vous donnera droit à tous les privilèges mentionnés ci-dessus, sera suivi d'un certificat donnant les numéros des actions achetées.

E. H. HORNER, Banquier
65 WALL STREET, NEW YORK

Bureau annexe — 803 Pine St., Saint Louis, Mo.

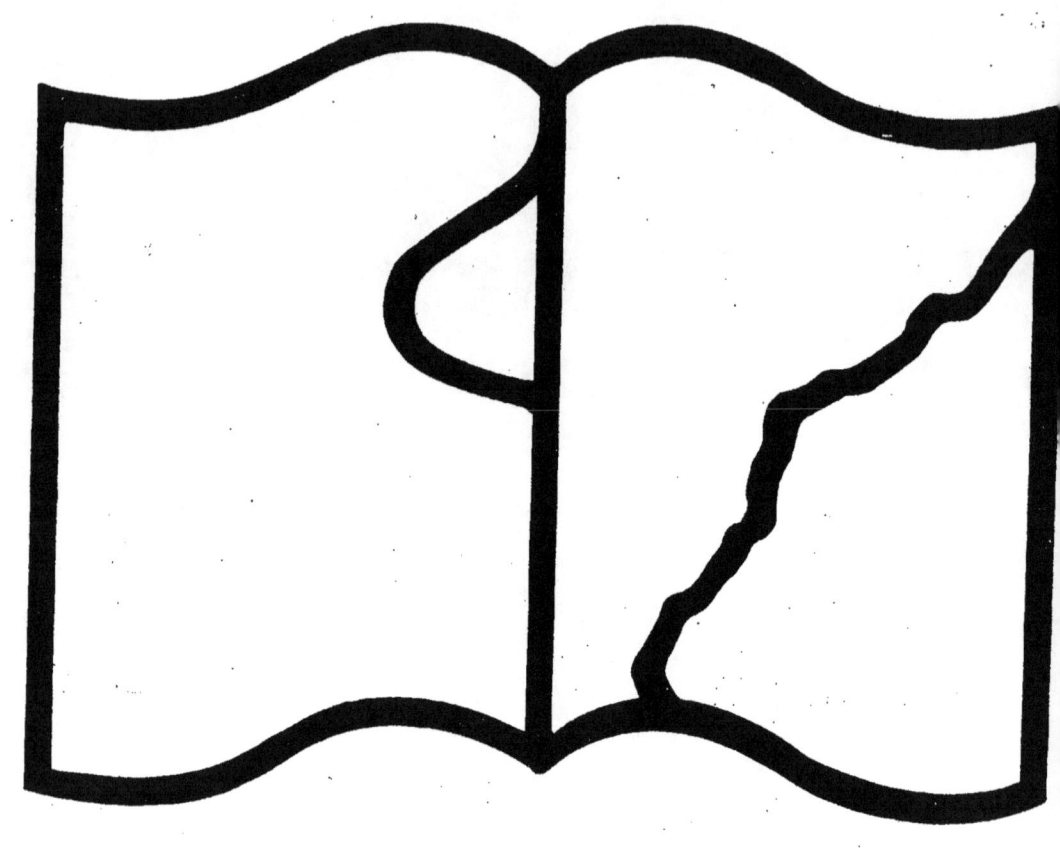

Texte détérioré — reliure défectueuse
NF Z 43-120-11

Contraste insuffisant

NF Z 43-120-14

www.ingramcontent.com/pod-product-compliance
Lightning Source LLC
Chambersburg PA
CBHW061957180426
43198CB00036B/1307